KB069110

빌 게이츠가 들려주는
디지털 경제 이야기

빌 게이츠가 들려주는
디지털 경제 이야기

홍필기 지음 · 이대열 그림

12
경제학자가 들려주는
경제 이야기

고전 속 경제,
교과서와 만나다

|주|자음과모음

우리가 살아가는 세상의 변화를 절실하게 느낀다면 그는 이미 구세대일 가능성이 큽니다. 흑백 TV를 보고 공중전화를 걸기 위해 동전을 바꾸던 세대에게 디지털 변화는 멋진 신세계에 대한 기대와 불안을 동시에 주고 있습니다. 앞으로 다가올 변화는 사람들을 편하고 안전하게 하면서 동시에 과거와의 이별을 강요하여 사람들에게 불안감을 주기도 할 것입니다. 청소년들은 불안보다는 미래에 대한 기대가 더 크겠지요.

세계 경제 역사에서 우리나라처럼 빠른 경제 발전을 한 나라는 찾기 어렵습니다. 지나치게 빠른 경제 규모의 성장을 우리의 사고방식이나 경제 방식이 미처 따라가지 못하여 외환 위기도 겪었습니다. 디지털 기술이 세상에 나오면서 '산업화는 늦었지만 정보화는 앞장서자'를 외치며 노력한 결과, 우리나라는 디지털 선진국이 되어 가고 있습니다.

디지털 사회와 디지털 경제가 성숙되면서 우리가 겪었던 외환 위기의 교훈을 되새길 필요도 있습니다. 경제 성장에 취하여 우리의 내부를 정비하지 않고 앞만 보고 달리다가 겪었어야 했던 쓰라린 교훈을 디지털 시대에도 잊지 말아야 합니다. 외국에서 빌린 돈을 갚지 못하여 빌린 돈을 천천히 갚겠다는 모라토리움(Moratorium) 선언을 하고 그 대가를 크게 치러야 했습니다.

농업 시대의 근면과 성실로 상품을 빠르고 정확하게 만듦으로써 이룬 산업 사회의 성공을 이용하여 우리나라는 디지털 경제에서도 발전하고 있습니다. 좋은 물건을 빠르고 싸게 만드는 기술은 산업 사회에서 갈고 닦은 기술과 경험이지요. 세상에서 누구보다 잘 만드는 경쟁력이 우리에게 있습니다.

디지털 변화는 세상의 모든 것을 바꾸고 있습니다. 만드는 방법을 잘 알고 있는 우리 경제는 이제 무엇을 만들 것인가를 고민하여야 합니다. 세상의 누구도 생각해 내지 못한 것들을 많이 만들어야 합니다. 만드는 것이 눈에 보이는 상품일 필요는 없습니다. 만드는 방법을 최고 수준으로 올려 놓은 산업 사회의 주역들은 이제 젊은 세대가 알려 주는 무엇을 기다리고 있습니다. 새로운 상품과 멋진 음악, 재미있는 영화 스토리와 흥미진진한 게임 등 여러분이 알려 줄 일은 무한합니다. 이러한 것들은 수학, 과학, 철학 등 자연과 인간에 대한 근원적인 이해가 없으면 어렵습니다. 디지털 기술과 상품은 넘치면서 우리 각자와 우리 사회의 능력과 방식이 그에 맞게 업그레이드되지 않는다면 디지털 모라토리움(Digital Moratorium)을 피할 수 없을 것입니다.

　얼굴을 보고 손을 맞잡고 살던 우리들은 손끝의 움직임과 스크린으로 생각과 마음을 공유합니다. 생존과 번영을 위해서 필요한 변화를 느끼고 준비하는 능력은 디지털 세상 이후에도 모든 유기체가 갖추어야 할 능력입니다. 부모 세대의 헌신으로 만들어 낸 튼튼한 산업 사회의 몸에, 다음 세대가 디지털 사회에 맞는 정신과 마음을 채워 넣을 차례입니다. 디지털 세상은 이미 20세기 흔적을 지워 가고 있으며 21세기의 창조자들을 기다리고 있습니다. 따로 또 같이 살기 좋은 따뜻한 세상을 만들어 나아가기를 기대합니다.

홍필기

오늘날에는 정보 통신 기술의 획기적인 발전에 힘입은 디지털 경제 시대의 도래에 따라, 소비자들이 자신이 원하는 상품과 관련된 정보를 인터넷을 통해 쉽게 접할 수 있다. 또 세계 여러 곳의 상품을 손쉽게 주문할 수 있게 되었다.

이제는 기업이 보다 다양해진 소비자의 요구에 맞추어 재화와 용역을 생산해야 할 뿐만 아니라 한 기업의 경쟁자가 국내 기업뿐 아니라 전 세계의 기업으로 확대되었다.

중학교	사회	• 사회 변동과 사회 문제
고등학교	통합사회	• 생활 공간과 사회 • 세계화와 평화

세계화 시대는 정보화 사회이자 지식 기반 사회이다. 이러한 사회에서는 정보와 창조적 지식 및 기술이 모든 경제 활동의 핵심이 되어, 개인과 기업 경쟁력뿐만 아니라 정부 경쟁력의 원천이 된다. 그러나 정보화의 흐름에 앞서 있는 국가들과 정보 산업 기반이 낙후한 국가들 간에 심각한 소득 격차가 발생하고 있다. 때문에 정보화 시대에 낙오되면 후진국으로 전락하는 상황이 된다. 이러한 현상은 비단 국가 간에만 존재하는 것이 아니다. 한 나라 안에서도 세대 간, 계층 간, 지역 간에 발생하며 빈부 격차 심화의 원인이 되고 있다.

	세계사	빌 게이츠	한국사
1955		워싱턴 주 시애틀 출생	
1967		레이크사이드 스쿨 입학	
1969	아폴로 11호 달 착륙, 컴퓨터 통신 최초 성공		
1973	로버트 메카프 이더넷(Ethernet) 개발	하버드 대학교 입학	
1975	베트남 전쟁 종료(통일)	하버드 대학교 중퇴 마이크로소프트사 창업	
1976		마이크로소프트사 등록	한국 자동차 첫 수출
1979	일본 소니사 워크맨 출시 영국 마가릿 대처 수상 당선		박정희 대통령 서거 (10·26 사태)
1980			5·18 광주 민주화 운동
1981	미국 우주왕복선 컬럼비아호 발사 미국 레이건 대통령 당선	마이크로소프트사 회장 겸 사장 취임	
1983	모토로라사 휴대폰 최초 출시		
1985		윈도즈 판매 시작	
1986		마이크로소프트사 주식 공개	
1988			서울 올림픽, 휴대폰 서비스 시작
1989	월드와이드웹(WWW) 창안 독일 베를린 장벽 붕괴 중국 톈안먼 민주 항쟁	워드, 엑셀, 파워포인트 등을 묶어 마이크로소프트 오피스 판매	
1992	유럽 연합(EU) 탄생 소비에트 연방 해체	미국 백만장자 서열 1위	
1994	세계 무역 기구(WTO) 체제	멜린다 프렌치와 결혼	
1996	최초의 복제 양 돌리 탄생		한국 OECD 가입
1997			국가 외환 위기(IMF외환 위기)
2000	스마트폰 최초 판매(미국)	경영 일선에서 물러남 빌·멜린다 게이츠 재단 설립	김대중 대통령 취임
2001	미국 9·11 테러	윈도즈 XP 출시	
2007	애플사 아이폰 출시	하버드 대학교 명예 법학사 학위 수여	제8대 유엔 사무총장 반기문 업무 시작
2008	세계 금융 위기 베이징 올림픽	마이크로소프트사 은퇴	이명박 대통령 취임
2011	일본 대지진과 원전 사고 스티브 잡스 사망		

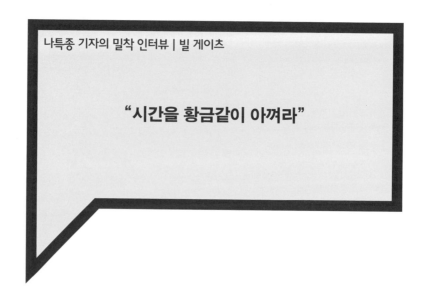

"시간을 황금같이 아껴라"

여러분의 경제 공부를 도울 나특종 기자입니다. 오늘은 마이크로소프트사를 설립하여 20년 이상 PC용 소프트웨어 분야와 디지털 산업의 세계적 강자로 군림하고 있는 빌 게이츠 선생님을 이 자리에 모셨습니다. 수업에 앞서 선생님과 간단한 인터뷰를 하겠습니다.

안녕하세요. 선생님과 인터뷰를 한다고 생각하니 시작부터 가슴이 설렙니다. 우선 간단한 인사 한 말씀 부탁드릴게요.

운영 체제
컴퓨터의 몸체인 하드웨어 시스템을 효율적으로 운영하기 위한 프로그램인 소프트웨어를 말합니다.

안녕하세요. 여러분과 함께 재미있는 디지털 정보 산업과 디지털 경제 수업을 할 빌 게이츠라고 합니다. 나는 컴퓨터 운영 체제인 윈도즈(Windows)와 여러분이 인터넷 검색할 때 쓰는 인터넷 익스플로러(Internet Explorer), 그리고 워드와 파워포인트 등을 세계에 보급시킨 사람으로 알려져 있습니다.

정말 대단한 업적이군요. 선생님같이 새로운 시대를 연 기업가가 탄생하려면 부모님이나 주위 분들의 영향이 컸을 것 같은데요, 어떠셨나요? 어린 시절의 이야기를 듣고 싶습니다.

나는 1955년, 미국 시애틀에서 태어나 어린 시절을 그곳에서 보냈어요. 우리 가족은 변호사인 아버지와 교사인 어머니, 그리고 누나 한 명과 여동생 한 명으로 아주 화목한 집안이었어요. 부모님은 우리에게 항상 최선을 다하도록 가르쳤지요. 어머니는 자원봉사 활동을 많이 하셨는데, 나를 학교의 자원봉사나 지역 사회의 봉사 활동에 자주 데리고 가셨습니다. 나는 어릴 때부터 집안 행사를 체계적으로 잘 치르도록 도와주는 데 특별히 흥미를 느꼈고, 체스 게임이나 모노폴리와 같은 게임을 즐겼지요.

학교 성적도 우수하셨던 것으로 알고 있는데 공부는 어떻게 하셨나요? 혹시 어떤 분야의 책을 특히 많이 읽었는지 기억이 나시나요?

어릴 때부터 책을 엄청나게 읽었습니다. 특히 백과사전을 보는 게 가장 재미있었던 기억이 나요. 책을 많이 읽다 보니 학교 성적은 좋았는데 학교에서 배우는 내용들이 지루할 때도 많아 학교에서 외톨이가 되는 느낌도 들었지요. 내가 열 살이 막 넘었을 때 부모님은 나의 이러한 모습 때문에 무척 걱정하셨다고 합니다.

아, 이해가 되네요. 그럼 부모님께서는 어떻게 선생님을 지도하셨나요?

내가 어렸을 때 미국 국민들은 공립 학교에서 정상적으로 공부하여 건전한 시민이 되고 자기 분야에서 성공하는 것을 자랑스럽게 생각하는 분위기였습니다. 부모님이 부자라도 자식이 값비싼 사립 학교가 아니라 공립 학교에서 교육받아 성공하는 것을 자랑스럽게 생각했지요. 부모님도 그러한 신념에서 나를 공립 학교에 입학시켰지만 학교에 흥미를 느끼지 못하자 내가 열세 살 때 사립 학교인 레이크사이드 스쿨에 등록시켜 주셨어요.

그렇군요. 그럼 새로운 학교생활은 어떠셨나요? 특별히 기억나는 사건이 있으면 말씀해 주세요.

나는 대부분의 과목에서 성적이 우수했는데 특히 과학과 수학을 잘했고 드라마나 영어 성적도 좋았어요. 새로운 학교에서 내 인생을 바꿀 만한 특별한 계기가 있었다면 컴퓨터를 본격적으로 접하게 된 것이지요. 학교에서 공동으로 사용하는 컴퓨터를 이용할 수 있게 되었거든요. 지금이야 컴퓨터가 흔하지만 그때만 해도 컴퓨터가 많지 않았어요. 나는 시간만 나면 컴퓨터를 하며 프로그래밍에 푹 빠졌어요.

컴퓨터에 시간을 많이 쓰셨다고 했는데 주로 무엇을 하셨나요?

컴퓨터 하면 게임이나 인터넷을 생각하는 친구들이 많은데 그 당시에는 컴퓨터 게임이나 인터넷이 없었어요. 그리고 내가 관심을 가진 일은 프로그램을 직접 만드는 일이었지요. 컴퓨터를 이용하여 무

엇을 만드는 일을 주로 했다고 생각하시면 됩니다. 프로그램을 직접
짜서 컴퓨터에게 일을 시키면 마술같이 이루어지는 일에 재미를 느
꼈지요.

공부와 컴퓨터를 하시면서 기억에 남은 선생님이나 친구들도 있었을 텐데요?

다른 친구들과도 잘 지냈지만, 컴퓨터에 대한 관심과 열정이 큰
2년 선배 폴 앨런(Paul Allen)을 그때 만났어요. 우리는 시
간만 나면 프로그램을 만들었는데, 나중에 마이크로소
프트(Microsoft)를 함께 창업하여 인생의 친구가 되었지
요. 나는 보기와 달리 매우 혈기 왕성하고 전투적이었지
만 폴 앨런은 매우 조용하고 수줍음이 많은 학생이었어

> **폴 앨런**
> 빌 게이츠와 더불어 마이크로소
> 프트를 공동 창업한 사업가이자
> 시애틀 사운더스 FC의 구단주로
> 서, 최근에 여러 부자 중 한 명으
> 로 이름이 오른 인물이기도 합
> 니다.

빌 게이츠와 함께 마이크로소프트
를 창업한 폴 앨런

요. 가끔은 의견이 달라서 심하게 갈등을 겪기도 했
는데, 이 때문에 학교에서 우리 둘에게 컴퓨터 사용
금지령까지 내렸어요. 하지만 컴퓨터를 너무 사용하
고 싶었던 우리는 학교 컴퓨터 프로그램 오류를 잡
아 주는 조건으로 다시 사용 허락을 받기도 했습니
다. 이 당시 학교 수업 계획이나 교직원 월급 프로그
램 등을 내가 직접 만들었답니다.

빌 게이츠와 함께 마이크로소프트
를 창업한 폴 앨런

**컴퓨터에 대한 열정과 함께 큰 사업가가 될 기질도 드러나
는 대목이네요. 이와 관련해서 또 다른 일화가 있나요?**

내가 열다섯 살 되던 1970년에 앨런과 함께 시애틀의 교통 흐름을
관찰하는 프로그램을 개발하여 팔아서 2만 달러를 번 적이 있어요. 당
시 어린 학생들은 두세 시간 잔디를 깎아 몇 달러의 용돈을 버는 것이
일반적이었던 것에 비교하면 2만 달러는 적은 돈이 아니잖아요? 그래
서 우리 둘은 학교를 그만두고 회사를 만들기로 결심했지요.

부모님은 반대하시지 않던가요?

물론 반대하셨지요. 부모님은 내가 학교를 졸업하고 법대에 가서
아버지와 같은 변호사가 되기를 원하셨어요. 그래서 대학을 가기 위
해 한국의 수능과 같은 SAT 시험을 쳐서 1600점 만점에 1590점을
받았지요. 지금 생각하면 창피하기도 한 일인데, 젊은 시절에는 남
들에게 나를 소개할 때 이 사실을 항상 자랑하고 다녔어요. 하하. 결

국 하버드 대학에 입학해서 법률을 공부하려고 했는데, 강의실보다 컴퓨터실에서 보낸 시간이 훨씬 많았지요. 강의는 대충 듣고 벼락치기 시험 준비로 대충 학점을 받기 일쑤였어요. 그러다가 다른 대학을 다니던 앨런이 학교를 그만두고 하버드 대학이 있는 보스턴의 한 회사에 취직했는데 1974년에 나도 그 회사에 들어가게 됐어요.

결국 하버드 대학을 실질적으로 중퇴하신 거군요? 남들이 부러워하는 학교를 그만두시고 무엇을 하셨나요?

공식적으로는 앨런과 함께 컴퓨터 운영 체제 사업을 하기 시작하면서 하버드 대학을 중퇴했어요. 이 때문에 부모님이 크게 실망하셨어요. 그렇지만 내가 좋아하고 잘하는 것이 컴퓨터라는 생각만으로 일에 뛰어든 것은 아닙니다. 미래에 다가올 변화에 확신을 갖고 그 변화를 내가 만들 수 있다는 생각이 있었지요. 그 당시에 컴퓨터는 엄청나게 큰 기계였어요. 큰 기계가 모든 일을 하고 모니터는 그냥 보여 주는 더미(Dummy)였어요. 대형 컴퓨터도 지금 컴퓨터에 비하면 형편없는 수준이었어요. 하지만 앨런과 나는 곧 개인용 컴퓨터의 시대가 올 것이라고 확신했지요.

역시 남다른 결단이군요. 그럼 본격적으로 마이크로소프트의 창업 이야기를 듣고 싶어요.

1975년에 나와 앨런은 공동으로 마이크로소프트를 설립했는데 원래 회사 이름은 소형 컴퓨터를 뜻하는 '마이크로 컴퓨터(microcomputer)'와 '소프트웨어(software)'를 합하여 '마이크로-소프트(Micro-Soft)'로 지었지요. 개인용 PC에 사용되는 소프트웨어 회사라는 뜻인데 일 년 뒤 '마이크로소프트(Microsoft)'로 바꿔 지금까지 이어지고 있어요.

창업하신 후에 기업 경영에 어려움은 없으셨나요?

어려움이 없을 수가 없지요. 우리가 개발한 BASIC 소프트웨어는 그 당시 컴퓨터를 하는 사람들에게 큰 인기가 있었고, 불법 복사가 많이 이루어졌어요. 이 때문에 내가 직접 공개 편지를 썼던 일도 있어요. 불법 복사를 하면 아무도 좋은 프로그램을 개발하지 않게 되니 정당한 대가를 지불하자는 주장이었어요. 이러한 우여곡절을 거치면서 1978년, 내가 23살 되던 해에 마이크로소프트의 사장이 되었어요.

사장이 되신 후에 회사를 어떻게 경영하셨는지, 오랜 성장 과정의 이야기를 부탁드릴게요.

나는 우리 회사의 모든 소프트웨어 제품의 프로그램을 직접 일일이 점검했어요. 컴퓨터 제품은 하나만 잘못되어도 작동이 안 되고 이용자의 신뢰를 잃게 되거든요. 일을 철저하게 하는 것이 기본적인 원칙이었다고나 할까요. 회사의 성장 과정을 이야기하려면, 그 당시 세계 컴퓨터 산업을 주름잡던 IBM과의 비즈니스가 중요할 것 같습니다. IBM은 대형 컴퓨터 시대의 강자였는데 개인용 컴퓨터 시대가

오면서 우리 회사의 소프트웨어를 이용할 생각을 했지요. 그런데 우리 회사는 IBM사가 개발할 컴퓨터 소프트웨어를 갖고 있지 않아서 다른 적합한 소프트웨어의 사용권을 사서 IBM에 공급했어요. 반드시 내가 만든 것만으로 사업을 한 것은 아닙니다. 이렇게 우리 회사가 개발하지 않은 제품을 사서 독점 계약하는 사업 방식을 비난하는 사람들도 많지요. 어쨌든 그 이후 회사가 아주 빠르게 성장했어요. 1981년에 내가 회장과 사장이 되고 앨런이 부사장을 맡았지요. 그러다가 앨런이 병을 얻어 회사를 그만두게 되었어요.

선생님의 업적은 스티브 잡스와 비교되기도 하는데요. 애플사와 기억나는 일이 있으신지요?

스티브 잡스(Steve Jobs)는 나와 같은 해에 태어나서 동시대를 살아온 인물로, 정말 대단한 사람이었어요. 스티브 잡스의 애플(Apple)과 마이크로소프트는 경쟁도 했지만 협력도 하면서 발전해 왔어요. 애플의 맥 컴퓨터 소프트웨어를 만드는 데 초청도 받았고요. 특히 아이콘으로 컴퓨터를 작동시키는 윈도즈는 애플과 지식을 나눈 결과가 아닐까 생각합니다. 그 전에는 컴퓨터에 명령어를 내리려면 수많은 명령을 직접 컴퓨터에 쳐 넣어야 해서 불편했잖아요. 애플은 자기들의 기술을 이용한 것이라고 비난하고 법적으로 문제를 삼기도 했습니다만, 누구라도 쉽게

애플의 창립자 스티브 잡스

컴퓨터를 이용할 수 있도록 개발하는 것은 필요한 일이었다고 봐요. 이런 의미에서 마이크로소프트가 1985년 윈도즈를 판매하기 시작한 해는 컴퓨터의 역사에서 매우 중요하다고 생각합니다.

우리는 어떤 컴퓨터에도 마이크로소프트의 프로그램이 이용될 수 있도록 했습니다만, 애플은 애플 컴퓨터나 제품에만 애플 소프트웨어가 사용되도록 했어요. 전략의 차이로 생각합니다. 흔히 마이크로소프트는 개방형 전략이라면 애플은 폐쇄형 전략이라고 하던가요? 이렇게 우리는 윈도즈로 크게 성장하고 나서 다시 1989년 워드, 엑셀, 파워포인트 등을 하나의 시스템으로 만들어 모든 마이크로소프트 제품과 함께 사용할 수 있는 '마이크로소프트 오피스(Microsoft Office)'를 판매하면서 더욱 크게 성장했어요. 인터넷이 등장하면서 우리가 약간 늦게 대응했지만, 인터넷 익스플로러는 아직도 세계에서 가장 많이 사용되는 브라우저입니다.

대단하십니다. 선생님께서는 사업을 성공으로 이끄신 후에도 1994년에 게이츠 재단을 설립하여 다양한 활동을 하셨지요?

네. 게이츠 재단(William H. Gates Foundation)을 세워 교육과 세계 보건, 저소득층에 대한 지원을 시작했어요. 난 개인 회사였던 마이크로소프트의 주식을 주식 시장에 팔아서 이미 많은 돈을 벌었고, 2000년에는 대학에서 만난 친구 발머에게 회사를 맡기고 나왔어요. 그 이후에는 무선 기술이나 스마트 기술에 대해 생각하고 있으며, 돈을 보람 있게 사용하는 방법도 구상 중이지요.

나의 아내는 우리 회사의 임원이었는데, 우리는 빈곤층 자녀의 교육 문제나 세계 보건 문제에 관심을 갖고 있었어요. 철강왕 카네기나 석유 재벌 록펠러 같은 사람들이 그랬듯이, 인류를 위한 좋은 일에 가진 재산을 사용하고자 했지요. 그래서 2000년, 총 280억 달러를 기부하여 나와 아내의 이름을 딴 '빌·멜린다 게이츠 재단(Bill and Melinda Gates Foundation)'을 설립하고 자선 사업과 인도적인 사업에 더욱 시간을 쓰고 있답니다.

선생님의 인생과 사업의 과정을 간단하게 들어 보았는데, 인생의 성공을 위해 중요하게 생각하시는 것이나 청소년들에게 해 주실 말씀이 있으신가요?

모든 사람들에게 공평한 조건이 주어질 거라는 기대는 하지 않았으면 좋겠어요. 시간을 아껴 노력하는 사람만이 성공할 수 있다고 생각합니다. 성공은 적극적인 노력의 결과이기 때문이지요. 이를 위해 자신에게 엄격해야 합니다. 또한 자기가 좋아하는 일이라고 무조건 하는 것보다는, 좋아하면서 잘할 수 있는 일을 찾고 결과를 가지고 상대를 설득할 수 있어야 해요. 살다 보면 좋은 성적만큼 좋은 인격을 갖추는 것도 중요합니다. 평생의 친구가 있어야 성공이 오래간다는 사실을 기억하세요. 여러분이 가진 최대의 재산은 시간이므로 시간을 황금같이 아껴 쓰면서 큰 꿈을 꾸길 바랍니다.

지금까지 인생과 사업에 대한 좋은 말씀 잘 들었습니다. 이것으로 빌 게이츠 회장님과의 인터뷰를 마치고 본격적인 수업을 시작하겠습니다.

디지털이란 무엇일까

정보 통신 기술의 발달은 우리 생활에 다양한
변화를 가져왔습니다. 디지털 시대의 경제 상
황도 이전과 다른 모습으로 발전하고 있습니다.
아날로그 방식과 비교하여 디지털 방식이 가지
는 특징을 알아봅시다.

디지털이란

나는 내가 쓴 책 『빌 게이츠 @ 생각의 속도』에서 사업을 하는 데 가장 중요한 요소를 기준으로 시대를 구분했어요. 1980년대가 품질 시대라면 1990년대는 업무 방식 혁신 시대로 구분하고, 2000년대 는 속도의 시대가 될 것이라고 예측했지요. 이러한 예측대로 사업뿐 만 아니라 모든 분야에서 속도가 중요한 시대가 되었어요. 이제 사업을 하거나 생활을 하는 데 중요한 것은, 필요한 정보를 얼마나 빠르고 정확하게 얻는가에 달려 있기 때문이에요. 특히 기업이 사업을 하다 부딪치는 문제의 대부분은 정보의 문제라고 해도 과언이 아니지요. 이렇게 정보의 흐름을 빠르게 만든 가장 중요한 기술이 디지털(digital) 기술이에요. 디지털 기술은 정보를 빠르게 움직이게 해서 일을 하는 방법이나 돈을 버는 방법도 빠르게 변화하게 만들었지요.

이러한 영향으로 사업을 하는 방식이 변했고, 스마트폰과 같은 디지털 상품이 증가하면서 경제가 움직이는 근본적인 원리도 바뀌었어요. 디지털이란 무엇이고, 사람들의 생활과 경제에 어떤 영향을 미치고 있는 것일까요?

● 아날로그와 디지털의 차이

사람들은 사물이나 개념을 나타내기 위해 말과 글을 이용하고, 소리나 그림, 표정이나 손짓 발짓 등 다양한 수단을 사용해요. 그렇다면 시간이나 소리, 그리고 빛과 같은 파장은 어떻게 나타낼 수 있을까요?

만약 시간을 해시계로 나타낸다면 해의 움직임에 따라 해시계의 그림자가 계속 시계를 돌면서 빈틈없이 시간을 나타냅니다. 이처럼 시간의 흐름을 있는 그대로 연속적으로 변화하는 대상으로 나타내는 것을 아날로그라고 합니다. 원래 아날로그는 비슷하다는 뜻의 analogue 혹은 analogy에서 온 말이에요. 소리나 시간은 끊임없이 연속적으로 변화하는데, 이를 있는 그대로 녹음기나 비디오로 자연스럽게 나타내는 방식을 의미한다고 볼 수 있지요. 아날로그 방식은 연속적인 신호를 자연 그대로 저장하고 전달해요. 조금 어렵다고요? 그럼 디지털과 비교해 보면 쉽게 알 수 있을 거예요.

디지털은 세상의 모든 현상을 0과 1로 나타내는 하나의 개념이에요. 모든 정보를 0과 1이라는 신호 체계로 구성하여 전달하지요. 그런데 시간과 같은 연속적인 흐름을 이러한 신호를 통해 있는 그대

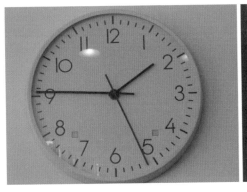

아날로그 시계와 디지털 시계

로 나타내는 것은 무리가 있어요. 아무리 작게 수백만분의 1초로 나누어 나타내려고 노력해도 수백만분의 1이라는 숫자 사이에는 틈이 있을 수밖에 없기 때문이지요. 이것은 마치 무한히 많은 점이 연결되어 있더라도 빈틈없이 연결된 직선과는 다른 것과 같아요. 아무리 많은 점으로 연결되어도 그 사이에는 공백이 있을 수밖에 없어요.

새로운 예를 들어 볼까요? 시곗바늘이 돌아가는 아날로그 방식의 시계는 끊임없이 움직이기 때문에 공백이 없이 시간을 나타낸다고 할 수 있어요. 하지만 숫자로 나타내는 디지털 방식의 시계는 숫자와 숫자 사이에 시간의 공백이 있지요. 연속적인 시간의 흐름을 비연속적으로 끊어서 나타내는 것이라고 보면 이해하기 쉬울 거예요.

또, 동물을 표현하는 경우 아날로그 방식이 동물 그대로를 보여준다면, 디지털 방식은 동물의 크기와 몸무게, 색깔, 고유 번호 등으로 그 동물을 나타낼 수 있어요. 크기와 고유 번호를 이용하여 원래의 모습으로 변화시킬 수 있는 기술이란 뜻이지요. 원래 디지털이란 말은 숫자로 셀 수 있다는 뜻에서 나왔어요. 아주 오래전에는 숫자를 손가락으로 나타냈지요. 디지털은 손가락이란 뜻의 라틴어 digit 또는 digitus에서 유래된 단어이며 숫자를 의미하기도 해요.

우리가 사용하는 숫자는 0부터 9를 사용하는 십진법으로, 같은 자릿수에서 9를 넘기면 위치 값이 하나 올라갑니다. 또한 같은 3이라도 10의 자리에 있으면 30을 의미하고 100의 자리에 있으면 300을 의미해요. 반면에, 두 개의 숫자를 사용하는 이진법은 0과 1만으로 모든 숫자를 나타내요.

십진수	이진수
0	0
1	1
2	10
3	11
4	100
5	101
6	110
7	111

십진법에서는 자리의 숫자가 9를 넘어야 위의 자리로 받아올림을 하지만, 이진법에서는 자리의 숫자가 1만 넘으면 받아올림을 합니다. 그래서 우리가 사용하는 십진수를 이진수로 바꿔서 표현하면 왼쪽의 표와 같이 됩니다.

이진수를 의미하는 binary digit의 약칭인 비트(bit)는 이진법의 최소 단위입니다. 컴퓨터의 기억 장치는 모든 신호를 이진수로 고쳐서 기억하지요. 이렇게 숫자, 문자, 음성, 이미지, 동영상 등의 모든 정보를 비트로 바꿔서 저장, 전송, 재생하는 방식을 디지털 방식이라고 해요. 그래서 상품 중심의 산업 경제는 물리적 최소 단위인 원자 (atom) 기반의 경제, 정보와 지식의 디지털 경제는 정보의 최소 단위인 비트(bit) 기반의 경제라고 말하기도 합니다.

디지털 기술의 발전은 컴퓨터의 발전과 깊은 관계가 있어요. 앞에서 이야기한 것처럼 컴퓨터의 기억 장치는 모든 신호를 이진수로 바꿔서 0과 1만 사용하여 의미를 주고받거나 기억해요. 컴퓨터를 통해서 우리가 보는 현상은 이렇게 0과 1로 나타낸 것들이에요. 음성이나 영상 신호를 0과 1의 신호로 바꾸어 표현한 것이지요.

지금까지 설명한 것을 밀가루를 만드는 것에 비유해 볼까요? 밀을 수확하여 그대로 보관하면 밀로 만들고 싶은 음식이 있을 때 이를 활용하기까지 시간이 걸리고 보관이나 운반도 불편해요. 하지만 밀가루로 만들어 잘 포장해 놓으면 필요한 것을 만들기도 쉽고 운반하기도 쉽지요. 이와 같이 모든 현상을 0과 1로 나타내는 디지털화 (digitize)는 밀을 밀가루로 만들어 원하는 것을 언제든지 편리하게 만들도록 해 주는 것에 비유할 수 있어요. 어떤 음이나 전파를 디지털과 아날로그로 나타낸 것을 그림으로 살펴보면 이해가 빠를 거예요.

> **디지털화**
> 소설이나 영화, 음악 등 종이나 테이프 등에 있던 내용을 디지털 형태로 전환하는 것을 디지털화라고 해요.

다음 그림에서 위의 것은 신호를 원래의 형태대로 나타낸 것이고, 아래 것은 0과 1의 디지털 신호로 바꾸어 나타낸 거예요. 아날로그 방식은 원래의 신호를 원형대로 보낼 수 있어서 대상을 자연 그대로 나타낼 수 있지만 실제로는 외부의 영향을 많이 받지요. 원래의 아날로그 신호를 복사하고 전송하는 과정에서 원형이 변하고 쉽게 훼

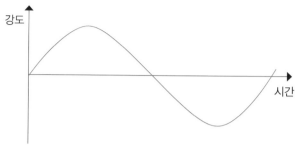

[그림 1] 아날로그 신호

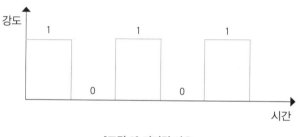

[그림 2] 디지털 신호

손되는 약점이 있기 때문이에요.

하지만 디지털 방식으로 신호를 만들어 주고받고 저장하면 이러한 약점을 해결할 수 있어요. 디지털 방식으로 모든 신호를 0과 1로 바꾸어 보내면, 받는 곳에서 신호를 원래대로 복구할 수 있기 때문이에요. 음악이나 영화 파일을 저장하고 보낼 때 음악 소리나 영화 화면을 보내는 것이 아니라 0과 1로 나타낸 음악이나 영화 파일을 보내고 그것을 받아서 바로 복구하는 식이지요. 그래서 아날로그 방식에 비해 깨끗하고 선명한 정보를 주고받을 수 있어요. 아날로그

신호를 수백만 개의 디지털 신호로 바꾸면, 원래의 장면이나 음성과 완전히 똑같지는 않지만 거의 유사하게 표현하여 저장하고 전송도 할 수 있어요. 노래하는 모습을 테이프로 촬영하여 저장하고 전달하는 아날로그 방식과 파일로 저장하고 전송하는 디지털 방식을 비교해 보면 쉽게 이해될 거예요.

디지털로 나타내면 신호를 전달할 때에도 장점이 있어요. 여행을 갈 때 모두 모여서 하나의 버스나 기차로 가야 한다면, 모두가 주어진 시간에 모여 규칙대로 단체 행동을 해야 해요. 그러나 장소와 시간을 명확하게 알려 주면 각자 알아서 자가용, 버스, 기차, 택시를 타고 목적지에서 만날 수 있어요.

이와 마찬가지로 영화나 음악과 같은 정보를 보낼 때에도 모든 정보를 한꺼번에 보내는 것보다 잘게 나누어 보내면 각자 정보 통신망이 막히는 곳을 피해서 가장 빠른 통신망을 따라서 목적지에 도착할 수 있어요. 정보를 받는 곳에서 다시 순서에 맞게 결합할 수만 있다면 막히는 곳은 피하고 한가로운 정보 통신망을 이용하게 되어 많은 정보도 빠르게 전송할 수 있게 되는 것이지요. 따라서 정보를 잘게 나누고 다시 결합하려면 정보를 나누기도 쉽고 결합하기도 쉬운 디지털화가 되어야 하는 것입니다.

정보의 양이 늘어나고 정보 통신망 이용이 증가하면 정보 신호가 쉽게 다닐 수 있는 넓은 정보 통신 도로가 필요합니다. 자동차 증가에 따라 교통량을 처리하기 위해서 도로와 고속 도로를 건설하듯이, 엄청난 디지털 정보의 흐름을 처리할 수 있는 정보 고속 도로(Information Highway)가 필요한 것이지요.

최근에는 많은 국가들이 초고속 정보 통신망을 구축하여 언제 어디서나 0과 1로 나타낸 정보들을 실어 나를 수 있게 되었어요. 음악, 영화, 문서 등 어떠한 정보라도 이렇게 디지털화되면, 정보망을 통해 세계 곳곳에 언제 어디에나 갈 수 있어요. 한국도 정보 고속 도로를 비교적 빨리 구축한 국가인데, 스마트폰과 같은 새로운 정보 통신 기기가 많이 사용되면서 무선 정보 고속 도로를 계속 확장하고 있어요.

이러한 디지털 기술을 이용하여 정보를 쉽고 빠르게 처리하고 저장할 수 있게 된 계기는 바로 컴퓨터의 발전이에요. 그리고 컴퓨터끼리 연결하여 정보를 교환할 수 있게 한 것이 바로 인터넷입니다.

이제는 옆집에서 일어난 일은 잘 모르지만 유럽이나 미국의 친구에게 일어난 일은 언제든 알 수 있는 세상이 되었어요. 디지털 정보를 처리하고 교환하는 컴퓨터와 통신은 서로 구분할 필요가 없을 정도로 융합되고 있지요. 우리가 많이 사용하고 있는 스마트폰도 컴퓨터의 일종인데, 컴퓨터나 스마트폰을 이용하여 문자를 보내고 온라인 게임을 할 때 어디까지가 컴퓨터이고 통신인지 구분하는 것이 이제는 큰 의미가 없어지고 있지요.

컴퓨터 발전은 컴퓨터의 두뇌를 구성하는 반도체 기술의 발전과 깊은 관계가 있어요. 반도체 성능은 좋아지고 가격은 낮아지면서, 정보를 전달하는 통신 기술과 장비, 그리고 정보가 흐르는 고속 도로인 통신선도 빠르게 발전하고 보급되고 있어요. 무선 기술이 발전하여 외딴 섬이나 깊은 산속 등 언제 어디서나 정보를 교환할 수 있게 되었지요. 3D 스마트폰으로 스포츠나 공연 등의 생생한 현장 정보를 볼 수 있고, 인간이 상상하는 것은 무엇이든 실제 모습으로 만들어 볼 수 있는 세계가 되었어요. 컴퓨터와 통신 등 정보를 생산하여 저장하고 전송 및 가공하는 모든 기술이 정보 기술(IT : Information Technology)이며, 통신(Communication)까지 포함하여 정보 통신 기술(ICT)이라고 해요. 이러한 디지털 기술을 가장 많이 사용하는 정보 통신 기술이 우리의 생활과 경제 전반에 큰 변화를 가져왔다고 하여 디지털 혁명(digital revolution) 혹은 정보 혁명(information revolution)이라고 합니다.

네트워크 경제의 역사

컴퓨터는 정보를 쉽고 편리하게 처리하고 저장하도록 함으로써 세상을 바꾸었어요. 컴퓨터와 인터넷이 사용되기 오래전에도 과학과 기술이 사회와 경제를 크게 바꾼 역사가 있었어요. 증기 기관, 전기, 자동차, 비행기가 세상을 어떻게 바꾸었는지 생각해 보면 쉽게 알 수 있을 거예요. 산업 혁명 이후 세계는 특별한 네트워크로 서로 연결되어 왔어요. 네트워크를 통하여 세계가 연결되면서 인간의 생활과 경제는 커지고 다양하게 되었지요. 산업 발전의 각 단계에서 중요한 네트워크를 개척하고 잘 활용한 국가가 세계를 이끌었어요. 산업 혁명 이후 세계 경제의 흐름을 네트워크 관점에서 보면 크게 다섯 가지로 분류할 수 있답니다.

첫째는 운하 네트워크예요. 영국에서 시작된 산업 혁명을 가능케 한 것은 증기 기관의 발명인데, 증기 기관이 선박에 이용되면서 더 멀리 빠르게 많은 물건이 운반되었어요.

물론 이전의 시대에도 네덜란드와 같이 운하 네트워크와 해양 네트워크를 잘 활용한 국가들이 성장했지요. 이전 시대에는 국가가 지원하여 대항해가 이루어졌으며, 대규모로 물건과 사람이 이동하게 된 본격적인 계기는 증기 기관 선박이 보급되면서부터였어요. 이 시기에는 배를 잘 만들고 잘 이용하는 국가가 번영했지요. 배를 정박시켜 물건을 싣고 내리는 강의 포구와 바다의 항

산업 혁명
18세기 후반에 영국에서 일어난 기술의 혁신과 이로 인한 사회 경제적 변화를 말합니다. 실을 뽑는 방적 기계의 개량으로 수공업적 작업장이 기계 설비에 의한 큰 공장으로 전환되었는데, 이로 인하여 자본주의 경제가 확립됐지요.

운하
선박의 이동과 관개 등을 위해 인공적으로 육지에 파 놓은 물길을 말합니다.

구를 중심으로 상업과 산업이 발전했으니까요. 아직도 세계의 무역항들이 중요한 경제 중심지 역할을 하는 경우가 많아요. 운하 네트워크를 잘 이용했던 영국이 산업과 무역의 주도권을 잡은 것은 자연스러운 결과였지요.

와트 증기 기관

둘째는 철도 네트워크예요. 마차를 이용하던 육지에서의 운송은 대규모로 사람과 물건을 나를 수 있는 기차의 등장으로 큰 변화가 시작됐어요. 기차가 발명되었을 때 기차를 만들고 철도를 건설하는 일은 국가의 중요한 산업이었어요. 강이나 바다를 통해서만 이루어지던 대규모 화물의 운송이 철도를 통하여 내륙 지역에서도 가능하게 된 거예요. 철도의 건설로 가장 큰 변화를 이루어 낸 국가는 미국이었지요. 철도가 막 보급되던 19세기 말의 미국은 뉴욕이나 보스턴 등 미국의 동북부 지역으로부터 서부 쪽으로 개발을 확장하고 있었어요. 철도는 미국 서부와 동부를 경제적으로 이어 주면서 미국 사회를 하나로 묶어 주었지요. 이는 철도 차량과 철로, 출발·정지 신호 등 미국 공통의 표준에 대한 필요성과 중요성이 사회에 전파되는 계기가 되었어요.

지금처럼 미국을 지역에 따라 시간대로 구분하여 시간표를 통일하게 된 계기도 철도였어요. 철도가 운행되기 전에는 지역별로 시간이 각각 다르게 사용되었지요. 철도가 미국 대륙을 동서로 횡단하면서 서로 다른 시간대를 지나가게 되자, 철도를 이용하는 사람들과 철도를 운영하는 사람들이 모두 불편해졌어요. 철도 회사와 철도 이용자 모두 표준화된 공통의 시간이 필요했지요. 결국 전국을 몇 구간으로 나누고 각각 표준 시간을 정함으로써 철도 운행과 이용이 편리하게 되었어요.

시간대가 바뀌지 않는 남북 종단보다 시간대가 바뀌는 동서 횡단이 미국의 시간을 표준화함으로써 산업화에 중요한 변화를 가져온 것입니다. 철도가 대륙을 횡단하면서 자연스럽게 미국의 표준 시

간이 확립된 것이지요. 그 시기에는 기차를 만들고 철도를 건설하고 운영하는 철도 회사가 가장 영향력이 있는 회사였습니다. 또, 철도 기술과 철도 네트워크가 발전한 국가가 그 시대에 세계를 선도하는 국가였어요. 그중에서도 철도를 잘 활용한 국가는 미국이었고, 미국은 이때부터 경제 대국으로 성장하기 시작했습니다.

셋째는 전기 네트워크예요. 모든 활동에는 에너지가 필요한 만큼, 인류는 사람과 가축, 물과 태양과 바람과 같은 자연의 힘을 이용하여 다양한 에너지를 개발했어요. 전기 기술이 발전하면서 전기를 생산하여 필요한 곳이면 어디나 공급할 수 있게 되었지요. 전기의 보급은 인류 사회를 엄청나게 변화시켰어요.

전기가 보급되던 초창기에는 전기 회사들이 각자의 전압으로 전기를 보내면서 전압이 통일되지 않아서 불편하고 비효율적이었어요. 그래서 이 시대에는 전기 네트워크가 잘 갖추어진 국가가 세계를 선도하였지요. 전기 제품의 소비가 늘어나서 전기 제품을 잘 만드는 GE사와 같은 기업이 세계적 기업이 되었고, 전기를 잘 이용한 국가는 공업 국가로 한 단계 발돋움했어요. 일본이나 한국도 전기 전자 상품을 만들어 경제 발전을 이룬 대표적인 국가이지요.

넷째로는 도로 및 항공 네트워크를 들 수 있어요. 도로와 항공은 엔진의 발전에 기초하여 발전하였으며, 전쟁과 더불어 획기적인 발전과 보급을 이루었다는 공통점이 있어요. 철도는 대량으로 물건과 사람을 운송하는 데에는 편리하지만, 적은 양의 물건이나 소수의 사람을 여러 곳에 이동시키는 데에는 비효율적이었지요. 휘발유 엔진과 자동차의 등장으로 역마차가 달리던 도로는 확장되고 포장되기 시작했어요. 자동차를 대량으로 만들어 보급한 포드(Ford)사와 GM사는 그 시대 대표적인 기업이 되었지요. 이렇게 도로가 확장되면서 자동차 산업은 더욱 성장하였고 국가 경쟁력의 상징이 되었어요. 자동차와 도로 선진국들은 산업의 선진국이나 마찬가지였고, 자동차 산업과 도로 네트워크를 잘 갖춘 국가가 세계를 선도했지요.

또한 세계 대전을 치르면서 전쟁 목적으로 개발된 항공 기술이 민간에 활용되면서 항공 산업도 획기적으로 발전했어요. 미국의 보잉사와 같은 비행기 제작 회사와 비행기를 이용해 승객과 화물을 운송하는 항공 회사가 세계적인 기업으로 등장하기 시작했어요.

다섯째는 정보 통신 네트워크예요. 정보 통신 네트워크는 전기 통신 네트워크와 디지털 정보 통신 네트워크로 나누어 볼 수 있어요. 전기 신호를 이용하는 전화는 음성을 전달하는 전기 통신이에요. 전기 통신의 상징인 전화의 보급으로 생활이 편리해졌고, 기업들도 먼 지역에 사무실과 공장을 건설하여 쉽게 관리할 수 있게 되었어요. 전화가 보급되던 초기에 전화 네트워크는 선진국의 상징이었지요.

그 후 주로 음성을 전달하던 전화에서 나아가 문자나 동영상을 교환하는 디지털 정보 통신이 발전했어요. 음성, 문자, 그림, 비디오 등을 디지털 신호로 바꾸기만 하면 무엇이든지 전달할 수 있는 디지털 정보 통신 네트워크가 더욱 중요해지기 시작했어요. 여기에 무선 기술까지 더하여 계속 발전하고 있는데, 지금은 디지털 정보 통신 네트워크의 수준이 국가의 위상을 나타내는 중요한 조건이 되고 있지요.

철도, 전기, 도로, 항만 등이 효과적으로 이용되기 위해서는 정보 통신 네트워크가 잘 갖추어져야 해요. 요즘은 선진국의 조건을 말할 때 철도, 전기, 도로는 이미 갖추어진 것으로 보고, 갖추어진 시설들을 얼마나 지능화시키고 관리할 수 있는지를 따져요. 철도, 전기, 도로 등을 지능화하여 편리하게 사용하기 위해서는 디지털 기술과 정보 통신 네트워크가 잘 갖추어져야 해요.

음성, 문자, 동영상을 대량으로 전달할 수 있는 정보 통신 네트워크를 고속 도로에 비유하여 정보 고속 도로라고 해요. 많은 국가들은 정보 고속 도로를 갖추는 단계에서 한 걸음 나아가 정보 고속 도로를 달리는 내용물(contents)과 응용 프로그램(applications) 개발에 힘쓰고 있어요. 정보 고속 도로를 갖추는 것은 기본이고, 지금은 정보 통신 네트워크를 이용하여 돈을 버는 방법을 잘 개발하는 회사와 국가가 세계를 선도하고 있지요. 애플, 구글, 페이스북 등은 새로운 비즈니스 모델로 성장한 대표적인 디지털 기업들이에요.

컴퓨터와 네트워크의 발전

디지털 시대에는 스마트폰과 인터넷으로 언제 어디서나 필요한 정보를 얻을 수 있습니다. 무선 기술의 발전은 글로벌 정보와 지식 그리고 서비스를 필요할 때 즉시 받을 수 있도록 해 주지요. 이러한 변화는 개인들이 컴퓨터를 쉽게 이용하면서 본격적으로 시작되었어요. 그 과정에 마이크로소프트가 크게 기여했다고 볼 수 있지요.

물론 그 이전에도 많은 컴퓨터가 있었으나, 이용자가 각각의 언어를 컴퓨터에 입력하면서 사용했어요. 하지만 윈도즈의 등장으로 복잡한 코드를 사용하지 않고도 손쉽게 컴퓨터를 이용하게 된 것이지요. 윈도즈의 보급과 마이크로소프트의 시장 전략으로 컴퓨터의 보급이 빠르고 넓게 확산되었어요. 그 당시에는 소프트웨어인 윈도즈와 하드웨어인 칩을 만드는 인텔사를 묶은 윈텔이 가장 성공한 회사였어요.

그 후 인터넷에 접속하여 정보를 찾는 브라우저 시장에 늦게 진출한 마이크로소프트는 시장을 장악하고 있던 윈도즈에 인터넷 익스플로러를 집어넣어 자연스럽게 브라우저 시장도 장악하기 시작했어요. 때문에 새로운 기술을 개발하지 않고 성장하였다는 비난을 받기도 했지만, 마이크로소프트가 세계에 미친 영향은 엄청났습니다. 컴퓨터가 연결되면서 통신 장비를 생산하는 회사들도 한때 가장 성공한 회사에 합류했어요.

그런데 이렇게 인터넷이 세계적으로 보급되면서 정보 부족이 아니라 정보가 넘쳐 나는 것이 문제가 되기 시작했어요. 사람들은 필요한 정보를 잘 찾아내는 방법을 원하고 있었는데, 이때 구글이 등장하여 단순히 인터넷에 연결하는 기능에서 나아가 원하는 정보를 찾아 주는 서비스를 제공하여 세계적인 기업이 되었어요. 여기서 한 발 더 나아가, 사람들과 언제든지 대화할 수 있도록 해 주는 사회적 연결 서비스(SNS)인 페이스북이 세계적 기업으로 등장하고 있어요.

세상을 떠난 스티브 잡스가 이끌었던 애플은 고유한 디자인과 음악과 애플리케이션(application) 등 유용한 콘텐츠를 중심으로 하드웨어와 소프트웨어 그리고 네트워크를 하나로 묶어 세계적 기업이 되었지요.

　한국 또한 일찍이 초고속 정보 통신망을 구축하고 무선 통신망과 무선 기술을 개발하고 보급하여 세계적으로 앞선 국가가 되었어요. 이러한 네트워크를 이용하는 스마트폰이나 각종 디지털 상품을 만드는 기술도 세계적인 수준에 있어요. 그러나 온라인 게임 등을 제외하고는 아직 세계 사람들이 즐기는 내용물, 소프트웨어, 애플리케이션 분야의 경쟁력이 아직 약해요. 비즈니스 모델이나 소프트웨어 분야는 창의력과 열정을 필요로 하므로, 미래를 준비하는 청소년들의 창의력과 열정이 국가의 미래를 결정할 거예요. 이 책을 읽는 여러분이 도전하길 바랍니다.

디지털 방식은 0과 1로 모든 걸 나타낼 수 있는 개념이에요.

정보 통신 기술의 발달은 컴퓨터와 인터넷의 결합으로 인해 시작되었어요.

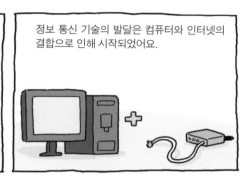

운하

네트워크의 역사를 보면 세계 경제의 흐름을 알 수 있어요.

철도

디지털 통신

전기

도로와 항공

빌 게이츠의 마이크로소프트는 컴퓨터의 확산에 기여했고,

개인용 컴퓨터!

인터넷을 활용할 수 있게 되자 구글의 정보 제공 서비스가 등장했어요.

오, 이럴 수가!

그리고 페이스북이라는 SNS 서비스를 통해 전 세계적으로 소통하는 세상이 되었지요.

디지털 세상!

디지털 경제의 원리와 특징

시장 경제는 산업 혁명을 거쳐 세계로 퍼졌으며 디지털 혁명으로 큰 변화를 겪고 있어요. 진화하고 있는 디지털 경제의 원리와 주요 특징에 대해 알아보기로 해요.

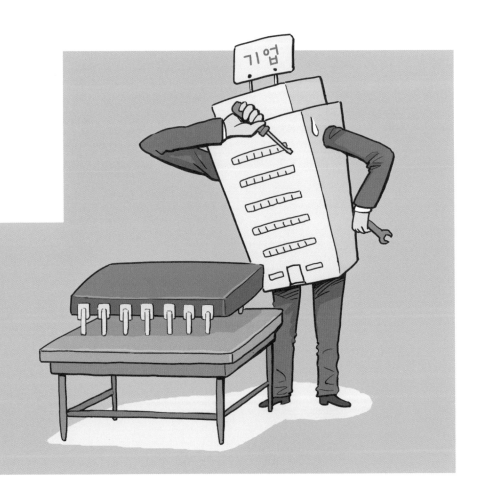

수능과 유명 대학교의 논술 연계

2008년도 수능 경제 문제 5번

산업 혁명과 디지털 혁명

자유 시장 경제뿐 아니라 사회주의 경제에서도 산업 경제와 디지털 경제의 특성이 나타날 수 있으나, 우리가 이 책에서 이야기하는 경제는 기본적으로 자유 시장 경제를 의미해요. 자유 시장 경제에서 소비자는 행복을 추구하기 위해 가지고 있는 생산 요소인 노동이나 땅 혹은 기술과 지식을 제공합니다. 이 과정에서 대가로 얻은 소득으로 소비하거나 저축할 수 있어요. 한편 기업은 상품이나 서비스를 생산하여 이윤을 얻지요. 우리는 모두 소비자가 될 수도 있고 기업가가 될 수도 있는데, 모든 활동을 자유롭게 시장을 통하여 할 수 있으므로 자유 시장 경제라고 하는 것입니다.

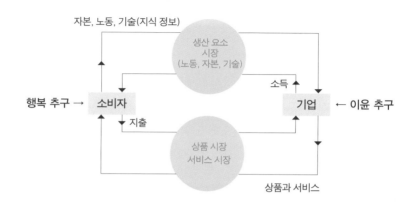

자본, 노동, 기술(지식 정보)

생산 요소
시장
(노동, 자본, 기술)

행복 추구 → 소비자 소득 기업 ← 이윤 추구

지출

상품 시장
서비스 시장

상품과 서비스

[그림 3] 시장 경제의 기본 구조

● 산업 혁명

인류의 경제 역사에서 농업 경제 사회는 자급자족을 위한 농산물 생산에 초점을 맞추었어요. 대부분의 농민은 스스로 농산물을 생산하는 생산자(producer)인 동시에 자기가 키운 농산물을 소비하는 소비자(consumer)였지요. 남은 농산물은 가까운 곳에 사는 사람들과 교환할 수 있었어요. 하지만 농산물은 보관하기 어려웠고, 교통도 발달하지 않아 다른 물건들과 대량으로 교환하기에는 어려움이 있었어요. 때문에 물물교환이 일어나더라도 그 시장이 크지 않아서 필요 이상으로 생산할 필요가 없었고 기술 수준이 낮아 생산량이 많지 않았지요. 더구나 많이 생산할 필요가 없으니 거래할 시장도 발전하지 않았어요. 생산성도 낮고 시장도 작아서 경제가 크게 발전하기 어려웠던 것이지요.

농업과 수공업에 의존하던 인류 경제는 영국을 중심으로 18세기 후반부터 큰 변화가 나타나기 시작했는데 이를 산업 혁명이라고 해요. 양털이나 목화로 실을 만들고 옷감을 만드는 기계가 발명되어 보급되면서 생산 능력이 늘어났어요. 증기 기관의 발명으로 대량 생산이 가능해졌고, 증기선의 발달로 먼 곳까지 항해가 가능하여 경제 활동 범위도 넓어졌지요. 상품이 대량으로 생산되고 멀리까지 운반되면서 대량 판매도 가능하게 된 것은 당연한 일이었어요.

이렇게 상품이 대량으로 생산될 때 경제적으로 나타나는 가장 큰 변화는 상품 하나를 만드는 데 드는 비용이 낮아지는 거예요. 예를 들어 볼까요? 만약 자동차 한 대를 만들기 위해 필요한 부품을 직접 사서 조립한다면 그 비용이 엄청나게 들 거예요. 또한 원자재와 기계들은 자동차 한 대를 만들 만큼 소량만 구할 수가 없어요. 그러나 공장을 크게 지어 일 년에 수십만 대씩 생산하면 자동차 한 대에 들어가는 평균 비용이 낮아집니다. 조금 어렵지요? 좀 더 자세한 이야기는 뒤에서 다루기로 하고, 다시 산업 혁명 이야기를 해 볼까요?

평균 비용

어떤 재화 한 단위를 생산하는 데 평균적으로 드는 비용으로, 총 생산 비용을 생산되는 재화의 총량으로 나누어 계산합니다.

대량 생산과 대량 판매는 기업의 입장에서 생산 비용을 낮추게 되므로 상품의 가격이 낮아지게 됩니다. 가격이 낮아지면 더욱 많은 사람들이 소비할 수 있으므로 시장은 더욱 커지겠지요. 이처럼 대량 생산이 가능해지고 비용이 낮아져서 시장이 빠르게 확대되는 현상이 영국에서 시작되었어요. 영국에서 만든 양털 옷감이 외국에서도 인기가 있었으므로 너도 나도 회사를 만들고 농부들도 농사 대신 양을 키웠지요. 양털 옷을 판 돈으로 국내에서 구하기 어려운 물건을 수입하여 팔아 돈을 버는 국제 무역 회사도 나타났어요.

경제 활동이 활발해지면서 일자리가 많아지자 사람들이 소비와 투자를 하여 시장이 더욱 커지고 산업화도 퍼져 나갔지요. 시장이 커지고 산업이 발달하면서 보다 많은 사람들이 돈을 벌 수 있게 되었어요. 먹고 살기에 바빴던 사회에서는 어린이도 노동을 하고 일부 사람들만 공부할 수 있었어요. 하지만 경제가 발전하면서 돈 벌 기회가 늘어나고 소득이 늘어나자 사람들이 교육을 받거나 문화 생활을 즐길 여유도 갖게 되었어요. 사람들은 어린이에게 노동을 시키는 대신 적극적으로 교육을 시키기 시작했고, 국가도 국민 교육을 위해 학교를 지었어요. 큰 공장에서 단체로 노동을 하고 도시에서 공동 생활을 하려면 사람들이 직업 교육과 시민 교육을 받을 필요도 있었지요. 정보와 지식을 위한 교육이나 문화 생활도 소수의 사람들만 누리는 것이 아니고 원하는 사람은 누구나 누릴 수 있게 되었어요. 이러한 산업 혁명으로 인해 세상이 사회 경제적으로 큰 변화를 겪게 된 것입니다.

● 정보 혁명

이와 마찬가지로, 정보 통신 기술에 의하여 산업 경제 사회가 급격하게 변화한 현상을 정보 혁명이라고 해요. 첫 번째 수업에서도 이야기한 것처럼 정보 혁명은 디지털 기술의 혁명적인 발전으로 가능했기 때문에 디지털 혁명으로도 불립니다. 세계적인 미래학자 앨빈 토플러(A. Toffler)는 인류 역사의 변화를 거대한 파도가 밀려오는 것에 비유했어요. 그는 농업 사회를 제1의 물결, 산업 사회를 제2의 물결, 그리고 산업 사회 이후의 사회를 제3의 물결이라 했어요. 제3의 물결은 지식 정보 사회 혹은 디지털 사회를 의미하며 산업 경제를 디지털 경제로 변화시키는 물결이지요.

농업 경제는 식량 문제를 강조했고 산업 경제는 인간의 육체적 삶을 편리하게 하는 문제를 강조했어요. 이제 디지털 경제에서는 인간의 정신적 삶을 풍부하게 하는 정보와 지식, 감성적 삶을 풍부하게 하는 문화와 예술 등이 강조되고 있어요. 정보와 지식 활동이나 문화 예술 활동에 디지털 기술이 사용되고 생산과 거래 방법도 디지털화되고 있어요. 정보와 지식에 실시간으로 접근할 수 있고, CD나 DVD로 즐기던 작품도 무선으로 언제 어디서나 즐길 수 있으며, 인터넷과 스마트폰으로 상품을 생산하고 거래할 수도 있지요.

업무 처리와 거래를 하는 데에도 디지털 기술은 없어서는 안 되는 필수 요소예요. 스마트폰으로 물건을 사고 은행 거래도 하며, TV의 뉴스 화면을 시청자가 스마트폰으로 찍어 제공해요. TV 쇼는 물론 대통령 후보를 선출할 때에도 국민들이 스마트폰을 이용한 여론 조사에 참여하는 것은 일상화된 현상입니다. 디지털 기술이 기업을 바꾸고 사업하는 방법도 바꾸어 과거와 다른 새로운 경제가 되어 가고 있어요. 컴퓨터는 말할 것도 없고 스마트폰이나 인터넷이 없

으면 개인은 생활에 큰 불편을 느끼고 기업은 사업을 할 수도 없을 거예요.

과거의 경제는 물질을 이용하여 상품을 만들어 팔아서 돈을 버는 산업 경제였어요. 좋은 상품을 만들어도 상품을 팔려면 일정한 판매 장소가 필요했기 때문에 많은 자본이 있어야 했지요. 그래서 과거에는 재능과 아이디어가 있어도 자본이 없으면 회사를 만들기가 어려웠지만, 이제는 재능과 아이디어, 즉 지식과 정보만 있으면 돈을 벌기 쉬워졌어요. 과거에는 노래를 잘 부르고 영화를 잘 만들어도 방송에 진출하지 않으면 보여 줄 수 없었지만, 이제는 인터넷을 통한 UCC나 스마트폰을 통해서 더 쉽고 빠르게 알릴 수 있어요. 방송국이나 신문이 아니면 알리기 어려웠던 소식도 이제는 스마트폰이나 SNS를 이용하여 언제 어디서나 전할 수 있지요.

이러한 기술을 통해 책이나 영화, 음악 등을 전자적으로 저장하고 전달할 수 있는 상품을 디지털 상품이라고 해요. 디지털 경제에서는 디지털 상품이 더욱 중요한 역할을 하게 됩니다. 본격적인 디지털 경제가 시작된 것이지요.

디지털 경제를 이해하려면 디지털 기술을 이해하는 것도 중요하지만, 디지털화에 따른 경제 전체의 틀과 경제 활동을 하는 방법의 변화를 이해해야 해요. 디지털 기술이 기업과 소비자를 어떻게 바꾸는지, 어떠한 상품과 서비스가 증가하고 감소하는지를 알면 디지털 경제를 이해하는 데 큰 도움이 될 거예요.

지식 정보 경제

사람이 살아가는 데 기본적으로 필요한 것은 의식주이며, 경제의 발전은 의식주를 해결하고 넘어서는 과정을 통하여 볼 수 있어요. 21세기는 농업 사회를 지나 과학과 기술의 발전에 기초한 산업 사회를 거쳐 지식과 정보를 바탕으로 작동하는 사회에 이르렀어요. 이를 지식 기반의 사회(KBS) 혹은 지식 기반의 경제(KBE)라고 해요. 이러한 구조에서는 많은 사람들이 생활하고 일하는 과정에서 정보와 지식을 생산-분배-소비하는 비중이 더욱 높아집니다. 개인, 기업, 국가의 성공과 실패는 지식과 정보를 어떻게 생산하고 이용하느냐에 따라 결정되지요.

지식과 정보 활동이 사람들에게 높은 가치를 주므로 지식 활동에 대하여 높은 대가를 지불하게 됩니다. 암 치료 확률 99%를 100%로 높이는 지식은 엄청난 가치를 갖는 것처럼 말이지요.

컴퓨터나 인터넷, 스마트폰은 디지털 경제를 상징하는 일부분일 뿐이에요. 경제의 특징을 알기 위해서 중요한 것은 사람들이 무엇을 하여 돈을 벌고 생활을 하는지 알아보는 것입니다. 농사를 짓는 경제와 공장에서 상품을 만들어 파는 경제는 생산하는 상품이나 에너지와 도구, 그리고 사용하는 지식과 정보가 달라요. 과거 건설 회사와 자동차 회사 직원들은 대부분 현장 근로자였지만, 지금은 연구 개발과 디자인 등 지식 근로자의 비중이 높아지면서 지식 산업화 하고 있어요. 이에 따라 국민들도 미래 경쟁력을 갖기 위해서는 지식을 이용하여 일하는 지식 근로자(knowledge worker)가 되어야 해요.

어떤 것을 관찰하고 측정하여 나타낸 숫자와 문자가 데이터(data)이고, 데이터를 해석하고 정리하면 정보(information)가 되지요. 데이터와 정보와 경험을 이용하고 학습과 연구를 하여 얻은 이해가 지식(knowledge)입니다. 가치 있는 데이터를 만들고 정보를 지식으로 만드는 데에는 학습과 훈련이 필요해요. 개인도 학습해야 하지만, 기업이나 정부 같은 조직도 학습이 필요합니다. 항상 학습하며 발전하고 환경 변화에 적응하는 조직을 학습 조직(learning organization)이라해요. 디지털 경제에서 계속 발전하고 성장하기 위해서는 기업이나 정부도 학습 조직이 되어야 하고 국가도 학습 국가가 되어야 해요.

특히 오늘날에는 정보 기술, 바이오 기술 등을 융합하면서 초연결·초지능화로 대표되는 제4차 산업 혁명이 진행되고 있습니다. 이제 모든 사물이 지능화되어 자동차 같은 기기나 집 안의 모든 물건과 장비, 공장은 물론 건물이나 도로 등이 연결되어 지능화되지요. 이러한 지능 정보 사회에서는 데이터를 잘 수집하고 저장·관리하며 분석·활용함으로써 세상을 이해하고 새로운 서비스를 창조하는 기반과 역량을 갖추어야 합니다.

디지털 프로슈머

디지털 경제는 과거에 비하면 생산하는 상품과 서비스의 종류와 내용이 다르고, 생산·판매·소비 방법도 다릅니다. 앞에서 이야기한 것처럼, 대량으로 생산해야 상품 하나당 생산 비용이 낮아지므로 기업은 대량으로 판매하려고 노력했어요. 상품을 많이 팔기 위해 기업은 소비자들이 무엇을 좋아하는지 조사합니다. 하지만 이를 정확히 알수는 없기 때문에 소비자들이 평균적으로 가장 좋아할 것 같은 평균적인 상품을 만들어 팔게 되지요. 이러한 상품은 개성이 강한 소비자까지 만족시킬 수 없었어요.

하지만 요즘과 같은 시대에는 소비자가 자기가 원하는 상품을 기업에 요구하기가 쉬워졌어요. 기업이 디지털 기술을 잘 사용하면 소비자가 원하는 것을 쉽게 파악하고 주문받아 까다로운 소비자까지 만족시킬 수 있기 때문이지요. 소비자가 어디에 있는지, 무엇을 언제 원하는지 쉽게 알 수 있는 거예요. 상품을 생산할 때에도 디지털 기술을 이용하여 기계를 쉽게 조절하면 여러 종류의 상품을 조금씩 낮은 비용으로 생산할 수도 있어요.

따라서 과거와 달리 소비자는 기업이 대량으로 만든 몇 종류의 상품만을 선택할 필요가 없습니다. 소비자가 원하는 대로 기업이 상품을 만들고 서비스를 제공할 수 있게 되었기 때문이에요. 물론 과거에도 돈을 많이 주면 기업은 소비자가 원하는 대로 해 주었으나 부자들만 원하는 상품을 소비할 수 있었어요. 하지만 이제 소비자들은 낮은 가격에 원하는 것을 요구할 수 있고, 기업은 소비자가 원하는 것을 빠르고 값싸게 주지 못하면 생존할 수 없습니다.

인터넷이나 스마트폰을 이용하면 소비자들은 언제 어디에서나 원하는 상품이나 서비스를 쉽게 비교할 수 있어요. 시장에서 멀리 떨어져 있는 외딴섬이나 산골에서도 인터넷이나 홈쇼핑 채널만 있으면 언제 어디서든 가격을 비교하여 물건을 살 수 있는 세상이 되었지요. 때문에 기업은 더욱 치열한 경쟁을 해야 해요. 기업들의 치열한 경쟁의 결과로 소비자는 싸고 좋은 상품을 다양하게 선택할 수 있게 되는 것입니다. 이로 인해 디지털 경제에서는 기업 간의 경쟁도 심해지고, 상품 생산 과정에 소비자가 참여하여 원하는 것을 생산할 수 있게 되어 선택권도 더욱 넓어진다는 특징을 갖습니다.

예를 들어 살펴볼까요? 우리가 자주 보는 드라마의 결론을 원하는 대로 요구하거나 TV 오디션 우승자 결정에 투표하는 경우를 흔히 볼 수 있을 거예요. 이는 모두 방송을 소비하는 시청자로서뿐만 아니라, 드라마와 오디션 쇼의 생산자로서 참여할 수도 있다는 것을 보여 주는 거예요. 인터넷으로 컴퓨터를 주문할 때 자기가 원하는 부품을 선택하면 회사에서 조립하여 보내기도 합니다. 또한 세계 유명 관광지 선정이나 대통령 후보를 결정할 때 인터넷 여론을 반영하는 것도 디지털 현상이에요. 이뿐 아니라, 기업의 직접적인 상품 개발에도 의견을 제시할 수 있기 때문에 소비자도 생산에 참여하는 디지털 프로슈머(prosumer)가 될 수 있습니다.

이러한 변화로 인해 글로벌 회사들은 시간이나 국가와 관계없이 쉬지 않고 일을 할 수 있어요. 서울의 사무소나 집에서 낮 시간 동안 일하다가 저녁에는 싱가포르나 태국으로 넘기는 것이지요. 그리고 싱가포르에서 처리하던 일이 인도나 중동으로 또 넘어가고, 다시 유럽과 미국을 거쳐 다음 날 업무 시간에 개인에게로 돌아올 수 있습니다. 사람들은 집과 사무실뿐만 아니라 운동하는 장소나 비행기에서도 일할 수 있어요. 게임이 어느 나라에서 개발되고 운영되는지에 관계없이 소비자들은 게임을 즐길 수 있고 언제든지 자기의 아이디어를 집어넣을 수도 있어요. 기업과 소비자들의 협

프로슈머
생산자와 소비자의 역할을 모두 할 수 있다는 의미에서 결합된 단어입니다.

교과서에는
근로자의 근무 시간과 근무 장소에도 많은 변화가 일어났는데, 일정한 출퇴근 시간에 얽매이지 않고 업무 시간을 선택하거나 장소를 선택하여 일할 수 있게 되는 변화가 나타나고 있어요.

력은 거리와 시간 제약을 넘나들며 자연스럽게 국제화되고 있는 것이지요.

이러한 환경 변화에 따라 생산과 소비 방식뿐만 아니라 소유 개념 역시 진화하고 있어요. 여유가 있는 방을 여행자에게 빌려주며 아이를 키우는 집에서 장난감을 필요한 사람과 공유하는 등의 일이 많아지고 있습니다. 이와 같이 제품을 직접 소유하지 않고 다수가 공유해서 사용하는 소비 경제를 공유 경제(sharing economy)라고 합니다. 한편 일정한 요금을 내고 정기적으로 신문을 구독하듯, 제품과 서비스를 정기적으로 공급받는 구독 경제(subscription)도 증가하고 있어요. 여러분이 즐기는 다양한 게임이나 소프트웨어 같은 상품은 물론 옷이나 식품 등 다양한 산업에서 구독 경제가 확대될 것으로 예상되지요.

디지털 상품의 비용 변화

산업 경제를 디지털 경제로 변화시키는 중요한 경제적 요인은 비용입니다. 전통적인 산업 경제와 디지털 경제의 차이를 나타내는 디지털 상품 비용에 대하여 알아봅시다.

● 산업 상품 비용
어떤 식당에서는 음식을 2인분 이상이 아니면 팔지 않아요. 또, 주문량이 많지 않으면 배달 서비스를 해 주지 않는 일도 있지요. 아무리 가까운 거리라도 1인분은 배달해 주지 않지만, 거리가 약간 멀어도 100인분은 배달해 주는 이유는 무엇일까요?

음식을 만들고 배달하는 데에는 재료비, 건물 비용, 전기와 수도료, 임금, 운송 비용 등이 듭니다. 만약 여러분이 사장이라면 회사가 상품을 만드는 데 드는 이러한 총비용을 알아야 해요. 만든 상품을 팔기 위해 가격을 정할 때 상품 하나당 들어가는 비용보다는 높게 가격을 결정해야 손해를 보지 않기 때문이에요. 그럼 비용이 많이 들더라도 가격만 그보다 높게 정하면 된다고 여기는 친구들이 있을 거예요. 하지만 비용의 문제는 그렇게 간단하지가 않답니다.

물론 상품 비용은 자기의 기술이나 능력으로 어느 정도 조절할 수 있지만 상품 가격은 자기가 결정하기 어려워요. 왜냐하면 경쟁 회사들보다 높게 가격을 결정하면 상품을 팔 수 없기 때문이에요. 시장에서 경쟁하는 회사들은 시장에서 결정된 시장 가격을 따라야 하는 경우가 대부분이에요. 따라서 회사 입장에서는 시장에서 결정된 가격보다 자기가 만든 상품의 비용을 낮게 해야 이익을 볼 수 있어요.

이때 손해를 보지 않으려면 상품 하나를 만드는 데 들어가는 비용인 평균 비용이 시장 가격보다 낮도록 해야 해요. 평균 비용은 총비용을 상품의 개수로 나누어 계산할 수 있어요. 결국 상품을 대량으로 만들어야 상품 한 개당 들어가는 비용이 낮아지게 됩니다.

예를 들어, 자동차 회사가 공장을 세우고 기계를 사고 사람을 고용하는 비용을 생각해 봅시다. 자동차 회사가 손해를 보지 않기 위

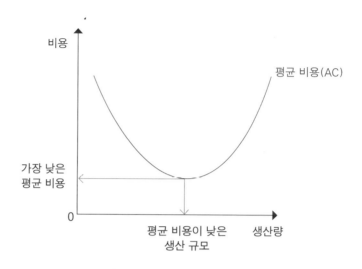

비용

평균 비용(AC)

가장 낮은
평균 비용

0

평균 비용이 낮은   생산량
생산 규모

[그림 4] 평균 비용과 생산량의 관계

해서는 비용보다 높은 가격에 팔아야 해요. 그러나 비싼 자동차를 살 수 있는 사람은 많지 않으므로 생산 비용을 낮추지 않으면 자동차 회사가 성장하기 어렵지요. 따라서 자동차 회사와 자동차 산업의 성장을 위해서는 많은 사람들이 살 수 있도록 가격이 낮아져야 해요. 그렇다면 자동차 한 대당 생산 비용을 낮추는 방법은 무엇일까요? 간단한 방법은 자동차의 생산 대수를 늘리는 것이에요. 생산 대수를 늘리면 자동차 한 대당 드는 평균 비용이 낮아지기 때문이지요. 생산 비용이 낮아지면 자동차 회사는 가격을 낮출 수 있고, 가격이 낮아지면 많은 소비자들이 차를 살 거예요. 그러면 산업이 발전하게 되지요. 물론 평균 비용이 한없이 낮아지는 것은 아니에요. 어느 지점이 되면 생산량에 따라서 더 늘어나는 추세를 보이지요. 그래서 기업들은 평균 비용이 최소가 되는 지점에서 효율적인 생산량을 선정해서 생산하려고 하는 것입니다.

이렇게 자동차 산업은 대량 생산을 통하여 성장했고, 이 과정에서 국가의 경제도 성장했어요. 대량 생산으로 비용을 낮추기 위해 큰 공장이 건설되었지요. 이렇게 대량으로 생산한 물건들을 판매하기 위해서는 국내 시장만으로는 어려움이 있었고, 외국에 수출할 필요가 있었어요. 한국 기업은 수출하기 위해 노력했고 정부도 기업의 해외 수출을 지원하는 정책을 폈어요. 수출로 대량 판매가 가능해지면서 대량 생산을 통해 생산 비용을 낮출 수 있었고, 경험이 쌓이면서 점차 품질도 좋아졌어요.

이러한 산업 경제의 일반적인 특징은 바로 거대한 공장과 회사가 자리 잡고 있는 것이었어요. 특히, 전기 전자와 자동차 산업 등 대량 생산을 하는 거대한 공장들이 이러한 특징을 잘 나타내고 있어요.

● 디지털 상품 비용

디지털 기술은 소프트웨어, 게임, 디지털 책과 음악, 그리고 영화를 만드는 데 이용됩니다. 그렇다면 이러한 것들을 모두 디지털 상품이라고 할까요? 디지털 상품은 이 중에서도 수명이 영구적이고 재생산과 복사 비용이 낮으며 내용을 바꾸기도 쉬운 상품을 말해요. 이러한 상품들은 전달 비용이나 운반 비용도 많이 들지 않는 것이 특징이지요.

단체로 기념 사진을 찍는 경우를 생각해 볼까요? 과거에는 필름

을 넣은 카메라로 사진을 찍은 후, 사진관에 필름을 맡기고 다시 찾으러 가야 했어요. 그리고 사진관에서 찾아온 사진을 필요한 만큼 다시 뽑아 사람들에게 일일이 나누어 주기도 했지요. 물론 그러한 아날로그 방식을 아직도 더 선호하는 사람들도 있지만, 일반적으로 이러한 과정은 시간도 많이 걸리고 얼마나 번거로웠는지 모릅니다.

하지만 요즘은 대부분 디지털 카메라나 스마트폰으로 사진을 찍어 공유하고 있지요. 이 경우에는 일단 사진을 찍어 스마트폰에서 바로 보낼 수도 있고, 인터넷에 올려놓고 누구라도 다운로드받게 할 수도 있어요. 시간과 노력을 비교하면 엄청난 비용이 절약되었음을 알 수 있어요. 음악이나 영화와 같은 순수한 디지털 상품도 마찬가지입니다.

디지털 상품은 소리, 모양, 색 등을 0과 1로 나타낸 상품이므로 복사도 쉽고 복사본과 원본의 차이도 없어요. 일반 상품도 모조품이 있지만 완벽하게 똑같이 만들기 어렵고 비용도 많이 들지요. 하지만 디지털 상품은 일단 만들어 놓으면 추가로 생산하는 데 비용이 들지 않으므로 생산하면 할수록 상품 하나당 평균 비용이 더 낮아지게 돼요. 디지털 상품에는 음악과 같이 파일로 만든 순수한 디지털 상품이 있고, 스마트폰과 같이 하드웨어와 소프트웨어가 혼합된 상품이 있어요.

앞에서 제시된 [그림 4]의 그래프와 같이 산업 경제의 일반적인 상품은 U자형의 평균 비용 곡선을 나타내요. 하지만 파일로 주고받는 음악이나 영화 같은 디지털 상품은 추가 생산하는 데 비용이 들

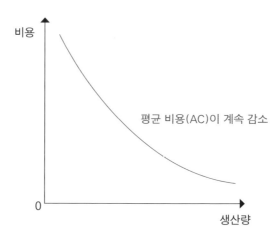

비용

평균 비용(AC)이 계속 감소

0

생산량

[그림 5] 디지털 상품의 평균 비용

지 않기 때문에 생산량이 증가할수록 평균 비용이 낮아집니다. 일반 상품의 U자형 평균 비용 곡선과 [그림 5]의 그래프를 비교해 보면 잘 알 수 있지요. 디지털 상품 비용의 대표적인 특징은 생산을 하면 할수록 평균 비용이 계속 감소하는 것입니다.

이러한 이유로 디지털 경제에서는 디지털 상품이 차지하는 비중이 높아집니다. 처음에 하나 만들 때는 돈이 많이 들지만, 일단 만들어 놓으면 추가로 생산하는 비용은 매우 낮기 때문이에요. 추가로 생산하는 데 비용이 많이 들지 않으므로 많이 팔면 팔수록 이익이 발생해요. 엄청난 비용을 들여 만든 영화에 관객 숫자가 늘어난다고 비용이 많이 들지는 않지요. 영화나 게임 같은 디지털 상품 회사가 광고를 엄청나게 하는 원인은 이용자가 많아질수록 평균 비용이 감소하는 디지털 상품 비용의 특징 때문이에요. 이러한 비용의 특징이 기업의 행동이나 소비자의 행동에도 영향을 주므로 경제에도 큰 변화를 주지요. 그러므로 경제에 나타나는 일반적인 비용 곡선의 특징도 디지털 상품 비용의 특성을 강하게 반영하게 됩니다.

디지털 경제의 윤리

한 사람이 노력하여 작성한 과제물 파일을 다른 사람들이 쉽게 복사하고 고칠 수 있다면 어떨까요? 처음 작성한 사람만 비용을 지불하고 복사하는 사람들은 비용이 들지 않는다면 누구나 손쉽게 파일을 복사하여 사용할 거예요. 이와 마찬가지로 다른 사람의 작품을 복제하는 일이 쉬운 세상이 되고 있어요. 물론 이것이 불법이고 윤리적이지 않다는 것을 알면서도 많은 사람들이 계속하는 이유는 비용이 적게 든다는 디지털 상품의 특성 때문이에요.

디지털 상품은 첫 상품을 하나 만들기까지의 비용은 높지만 두 번째 상품 생산 비용은 낮아요. 이러한 비용의 특징 때문에 소비자들이나 경쟁사들이 경제 윤리가 없으면 시장이 유지되기 어려워요. 물론 디지털 상품 시장이 아니더라도 경제적인 윤리가 없으면 시장이 효율적으로 유지되기 어렵지만 디지털 상품의 경우에는 특히 심해요.

예를 들어, 자동차 회사가 새로운 모델을 개발하다가 비밀이 노출된다고 해도, 물론 손해는 입겠지만 사업이 크게 실패하지는 않아요. 그 새로운 모델에 대한 아이디어가 자동차라는 상품의 전부를 결정하지는 않기 때문이에요. 하지만 영화나 음악, 소프트웨어는 조금 다릅니다. 회사가 엄청난 시간과 비용을 투자해서 만든 음악이나 영화, 소프트웨어는 자동차와 같은 형체를 가지지 않으며 그 아이디어가 상품의 전부를 결정합니다. 따라서 시장에 나오기도 전에 인터넷에 누출되면 그 가치가 크게 훼손되지요. 또한 제대로 만들어 낸 상품이라고 해도 누구나 무료로 다운로드받을 수 있다면 음악 회사와 영화 회사는 투자한 돈을 제대로 회수할 수 없게 됩니다.

이렇게 시간과 비용을 들여 열심히 만든 작품을 누구나 공짜로 복사해서 사용한다면 누가 좋은 상품을 생산하려고 하겠어요? 기업은 비용을 투자하여 상품을 만들어 판매하는 과정을 통해서 투자했던 비용을 회수하고 이윤을 창출합니다. 그런데 큰 비용을 투자하여 개발한 상품을 소비자가 불법 복제하면 회사는 이윤을 얻지 못하므로 문을 닫을 수밖에 없지요. 더구나 불법 복제가 이루어지면 기업들은 이후로는 투자를 하지 않을 것이고, 이는 디지털 산업 전체를 쇠퇴시키고 결국은 소비자의 선택을 줄이므로 소비자에게도 불이익이 돌아오게 됩니다.

이러한 이유로 디지털 상품을 불법 복제하거나 '짝퉁'이라고 불리는 모조품을 만드는 일을 법으로 금지하고 있습니다. 하지만 법으로 모든 문제가 해결될 수 없기 때문에 우리 모두가 그에 맞는 디지털 경제 윤리를 이해하고 지켜야 해요.

경제 윤리가 지켜지지 않으면 기업은 물론 소비자와 국민 전체가 손해를 입게 됩니다. 경제 윤리가 부족한 국가에서는 아무리 창의력이 있어도 디지털 상품 산업이 발전할 수 없어서 외국의 상품에 의존하는 경제가 되지요. 그러므로 미래의 주요 산업이 될 문화 예술 산업이나 지식 정보 산업을 발전시키기 위해서는 소비자들이 정당한 대가를 지불하고 소비해야 해요.

네트워크 효과

대부분의 상품은 소비의 효용이 개인에게 국한되는 경우가 많아요. 하지만 인터넷이나 스마트폰처럼 네트워크를 필요로 하는 것들은 달라요. 인터넷 통신이나 SNS도 가입자가 많은 곳에 가입하여야 서비스 가치가 높은 것을 생각하면 이해하기 쉽지요. 이와 같이 어떤 네트워크에 참여하는 이용자가 많을수록 이용하는 서비스 가치가 커지는 효과를 네트워크 효과(network effect)라고 합니다.

네트워크 위에서 작동하는 디지털 경제에서는 네트워크 효과가 많이 나타나기 때문에 사람을 모으는 것이 중요해요. 이러한 상황에서 뒤늦게 사업을 시작한 회사는 더 좋은 서비스가 있어도 사람들을 모으기가 쉽지 않아요. 왜냐하면 특정 네트워크 서비스에 가입한 사람들을 한꺼번에 다른 네트워크로 이동시키기가 쉽지 않기 때문이에요. 그러므로 네트워크 효과가 있는 제품이나 서비스 기업은 네트워크를 빨리 만들어 내고 규모를 키워야 해요.

디지털 시장의 실패를 극복하는 방법

한계 수입
상품 하나를 추가로 판매해서 얻는 수익을 말해요.

한계 비용
상품 하나를 추가로 생산할 때 드는 비용을 말해요.

회사가 이윤을 최대로 하기 위해서는 얼마만큼 생산해야 할까요? 원리는 간단해요. 한계 수입이 한계 비용보다 크면 계속 생산하는 것이 이익입니다. 그와 반대로 한계 비용이 한계 수입보다 크면 생산을 줄여야 해요. 결국 한계 비용과 한계 수입이 같을 때까지 생산량을 조절하는 것이 가장 효율적인 생산량 산출 방법이에요. 이때 한계 비용과 한계 수입이 같으면 이익도 손해도 보지 않는 상태가 됩니다. 경제학에 의하면 이렇게 이익도 손해도 없는 상태에서 총이윤이 가장 크다는 결론에 이르게 됩니다. 이는 조금 복잡한 이론이므로 다음에 기회가 된다면 설명하도록 하지요. 그러니 이해가 되지 않는다고 해서 너무 걱정할 필요는 없답니다.

한계 비용과 한계 수입이 같은 상태에 있는 경우, 가격이 높아져서 이윤이 생기면 생산을 늘리면 되고, 오히려 비용이 높아지면 생산을 줄이면 됩니다. 이처럼 한계 비용과 한계 수입이 같은 지점에서 생산량을 결정하면 이익이 가장 크다는 것을 한계 원리(marginal principle)라고 합니다. 이는 근대 경제학의 핵심 원리입니다.

그런데 한계 원리를 순수 디지털 상품 시장에 적용하면 문제가 발생합니다. 그 이유가 무엇일까요? 영화, 음악, 소프트웨어와 같은 디지털 상품은 처음 만들 때는 많은 비용이 들지만 추가로 하나 더 생산하는 비용 즉, 한계 비용은 매우 낮다는 것을 이미 알고 있어요.

디지털 상품을 추가로 생산한다는 것은 쉽게 생각하면 복사나 다운로드를 의미하는데 그 과정에서 비용이 거의 발생하지 않기 때문입니다. 그렇다면 이 사실을 한계 원리에 적용해 봅시다.

　한계 원리에 따르면 한계 비용과 한계 수입이 같은 지점에서 생산량을 정해야 하는데 디지털 상품은 앞에서 말한 것처럼 한계 비용이 0에 가깝다고 할 수 있어요. 앞에서 예를 든 것처럼 음악이나 영화 같은 디지털 상품은 한번 만들어 놓은 것을 단순히 복사하거나 다운로드만 하면 원래의 상품과 내용도 품질도 완전히 똑같지요. 또한 디지털 상품은 판매하는 방식도 산업 상품과 전혀 다릅니다. 운송 회사를 통하여 전달되는 물건과 인터넷으로 주고받는 음악을 비교해 보면 잘 알 수 있어요. 과거에는 음악 상품도 CD로 보냈지만 이제는 디지털화가 가능하기 때문에 목소리, 문자, 동영상을 언제 어디에서나 즉시 서로 주고받을 수 있어요. 더구나 인터넷이 세계에 퍼져 있어서 정보와 지식을 낮은 비용으로 생산하고 저장하고 전달할 수 있어요.

　이렇게 한계 비용이 거의 들지 않는 경우, 이론적으로는 비용도 0에 가깝게 설정되는 것이 맞아요. 한계 비용이 상품의 가격을 결정하는 경우가 많기 때문이지요. 하지만 디지털 상품의 경우에 이 원리를 그대로 적용한다면 모든 상품의 가격이 0으로 설정되어야 하기 때문에 기업은 이윤을 창출할 수 없게 됩니다. 따라서 일반적인 상품에 적용되는 한계 원리가 디지털 상품에는 완벽하게 적용되기 어렵다는 것을 이해할 수 있겠지요?

이러한 이유로 인해 디지털 경제를 시장 원리에 온전히 맡기면 가격 설정부터 시작해서 여러 가지 문제가 발생하게 된다는 것을 이제 쉽게 유추해 볼 수 있을 거예요. 바로 시장의 가격이 제 기능을 하지 못하고 효율적인 경제 활동에 문제가 발생하는 시장 실패가 발생하게 되는 것입니다. 디지털 경제에서 시장 실패가 일어나기 쉬운 또 다른 이유를 더 살펴봅시다.

음식은 한 사람이 소비하면 다른 사람은 소비하지 못하고, 자동차와 책도 마찬가지이지요. 또한 내가 가격을 지불하고 소비한 상품은 다른 사람이 또 소비할 수 없어요. 하지만 도로의 가로등이나 공동으로 사용하는 공원, 국가의 국방 서비스 등은 가격을 지불하지 않고도 누구나 사용할 수 있어요. 또, 다른 사람이 함께 사용한다고 해서 나의 효용에 변화가 생기는 것도 아니기 때문에 다른 사람들이 사용하지 못하게 막을 수도 없어요. 이러한 재화를 경제학에서는 공공재 (public good)라고 부릅니다.

그런데 이러한 공공재의 특성 때문에 이를 생산한 기업은 이용하는 사람에게 요금을 받기가 쉽지 않다는 문제가 발생합니다. 때문에 기업이 공공재를 만들어 팔아 이익을 보기 어렵습니다. 이러한 경우에도 시장이 실패했다고 말하지요. 그러므로 정부는 회사에게 도로나 터널을 건설하고 통행 요금을 받도록 허가하여 민간 자본

교과서에는

시장에서 자원 배분이 효율적으로 이루어지지 않아서 희소한 자원이 낭비되는 현상을 시장의 실패라고 합니다.

교과서에는

공공재란 국방, 치안, 공원, 도로 등과 같이 여러 사람의 공동 소비를 위해 생산된 재화와 서비스를 말합니다. 사회적으로 반드시 생산되어야 하는 재화이지만 그 생산에는 막대한 비용이 들고 혜택은 누구나 누릴 수 있다는 특성 때문에 자율적으로 생산되기 어렵습니다. 이것이 정부가 공공재의 생산을 담당하는 이유이지요.

교과서에는

공공재의 특성상 비용을 지불하지 않고 사용하는 무임 승차의 문제가 발생하기 때문에 시장 실패에 해당하지요.

을 끌어들이거나 직접 공공재를 생산합니다.

인터넷에 떠도는 여러 가지 디지털 상품은 하나의 상품을 여러 사람이 불편함 없이 공동으로 사용할 수 있으나 정당한 비용을 지불하지 않는다는 점에서 공공재와 비슷합니다. 모두가 공동으로 소유한 공유지에서 누구나 자기 가축에게 공짜로 풀을 뜯길 수 있다면 어떻게 될까요? 가축을 기르는 사람은 공유지 풀이 없어질 때까지 무분별하게 이용할 것이 뻔합니다. 결국 사유지에는 풀이 잘 자라지만 공동으로 이용하는 공유지는 황폐화되는 비극이 발생하겠지요. 이러한 현상을 '공유지의 비극(Tragedy of Commons)'이라 하는데 이것도 시장 실패 현상입니다.

좋은 디지털 상품과 아이디어의 가치에 대한 보상을 해 주지 않으면 좋은 디지털 상품이 생산되지 않거나 가치 없는 내용만 인터넷에 돌아다니는 디지털 공유지의 비극이 나타날 수 있어요. 따라서 디지털 상품을 만드는 기업이 정당한 이윤을 추구할 수 있도록 법적으로 보호하는 것이 필요합니다. 이를 위해서 불법 다운로드를 막고, 음악이나 영화에 대한 저작권을 보호하는 법을 정비하거나 민간 차원에서 캠페인을 벌이는 것들이 방법이 될 수 있을 것입니다.

디지털 경제의
기업, 시민, 그리고 정부

국가 경제가 발전하기 위해서는 소비자와 기업, 그리고 정부가 함께 협력해야 해요. 소비자와 기업은 변화하는 디지털 환경에 대비하고, 정부는 국민과 기업이 자유롭고 건전하게 활동할 수 있도록 법과 제도를 바꾸고 필요한 서비스를 해 주어야 합니다.

수능과 유명 대학교의 논술 연계

2009년 수능 경제 문제 13번

2007년 수능 경제 문제 12번

2006년 수능 경제 문제 17번

기업의 디지털화

과거에는 열심히 일만 해도 어느 정도 성공할 수 있었어요. 하지만 디지털 경제에서는 열심히 일하는(work hard) 것보다는 똑똑하게 일하는(work smart) 것이 더욱 중요해졌어요. 기업은 물론이고 사회 전체가 똑똑하게 일하기 위해서는 디지털 기술을 잘 활용해야 해요.

이제 기업의 활동은 정보 활동이나 다름없습니다. 최근에는 거대한 철강 공장이나 자동차 공장은 물론이고 큰 건물을 건설하는 현장에서도 자동화로 인하여 과거와 같이 많은 사람이 필요 없어요. 정확한 정보만 입력시켜 주면 대부분의 일을 기계가 알아서 하지요. 그 대신 정보 지식을 수집하고 분석하여 의사 결정하는 업무와 다양한 서비스업이 중요해지고 있어요.

디지털 상품이 아닌 일반 상품을 생산하고 판매하는 전통적인 기업들에게도 이제는 디지털 능력이 중요해졌어요. 간단한 서류를 이리저리 들고 다니고 정보를 전달하기 위해 매일 회의를 소집하는 기업과, 스마트폰으로 문서와 정보를 즉시 전달하고 처리하는 기업을 비교해 보면 쉽게 이해할 수 있어요. 기업이 디지털 능력을 잘 이용할 수 있도록 하는 기업의 디지털화는 기업 경쟁력을 넘어 기업 생존의 핵심 요소입니다. 그렇다면 기업의 디지털화는 어떻게 이루어지는지 알아봅시다.

기업의 기본 활동

기업이 돈을 벌기 위해서는 소비자에게 필요한 상품을 경쟁 회사보다 낮은 비용으로 만들어 많이 팔아야 해요. 기업이 비용을 많이 들여 생산했더라도 팔리지 않는다면 그 상품의 시장 가치는 없는 것입니다. 이러한 상품의 가치는 결국 소비자가 결정해요. 그런데 소비자들이 원하는 것이 계속 변화하므로 빠르고 정확한 정보를 얻는 것이 기업의 성공과 실패를 결정해요.

기업이 상품을 만드는 비용과 관계없이 소비자는 상품 가치가 가격보다 크다고 생각해야 돈이 아깝다는 생각을 하지 않아요. 그러므로 기업들이 고객에게 상품을 팔려면 고객이 가치를 가격보다 더 크게 느끼도록 해야 해요. 그래서 기업은 소비자가 자기 상품의 가치를 높게 생각하도록 정보를 제공해 주고 광고를 합니다. 소비자를

설득하여 자기 회사의 상품 가치를 높이는 마케팅 활동이 매우 중요
하지요. 소비자가 원하는 상품을 낮은 비용으로 생산하고 판매하기
위해서는 기업의 관리 능력이 중요합니다.

가치 사슬의 디지털 연결

가치를 생산하는 기업의 활동들을 연결하여 이를 사슬에 비유한 것
을 가치 사슬(value chain)이라고 해요. 간단히 말하면, 가치 사슬은
기업이 돈을 버는 데 필요한 주요 활동들을 나타낸 것입니다. 회사
마다 약간씩 다르지만 대부분의 기업 활동은 다음 그림과 같은 가치
사슬로 나타낼 수 있어요.

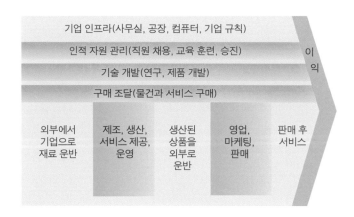

[그림 6] 가치 사슬(value chain)

기업의 생산 과정에서 정보와 지식을 처리하는 정보 기술이나 디지털 기술은 이제 없어서는 안 될 필수적인 요소가 되었어요. 물론 이러한 기술이 발달하지 않았던 과거에도 기업 활동은 이루어졌어요. 다만 부품을 하나 사려면 여기저기 여러 회사에 전화하여 물건에 대해 물어 보고 직접 만나서 확인하고 돈을 지불하는 과정에서 시간과 돈과 인력이 많이 필요했어요. 신입 사원을 뽑을 때에도 이력서와 졸업 증명서, 가족 관계 서류를 일일이 떼어서 직접 제출하게 했지요.

회사에서 이루어지는 수많은 업무가 대부분 서류로 이루어지는데, 서류는 결국 정보를 담고 있는 그릇에 불과해요. 그런데 그동안 회사 사무실에서 이루어지는 대부분의 일은 필요한 정보를 담은 그릇을 처리하는 데 많은 노력이 필요했어요. 하지만 디지털 기술은 불필요한 그릇을 빼고 필요한 정보만 손쉽게 전달하고 처리하도록 하여 회사가 일을 빠르고 정확하고 낮은 비용으로 할 수 있도록 도왔지요. 기업들 간에 거래하거나 소비자와 기업이 거래할 때에도 디지털 기술이 편리하고 효율적으로 이용된답니다.

나는 『빌 게이츠 @ 생각의 속도』라는 책에서 기업의 업무가 정보 기술을 이용할 수 있도록 통합되어야 한다고 말했어요. 가치 사슬에서 보았듯이 기업들이 하는 일들은 비슷하므로 기업들이 하는 업무를 편리하게 해 주는 기업용 소프트웨어를 만들어 파는 회사들도 세계적인 기업으로 성장했어요.

개인이 이용하는 워드나 파워포인트와 같은 소프트웨어를 파는 마이크로소프트와 달리 기업용 소프트웨어를 제작하는 업체도 디지털 경제에서 새롭게 등장한 기업들입니다.

기업 업무에 필요한 소프트웨어를 만들어 세계적 기업이 된 기업 중에는 독일의 SAP와 데이터를 관리하는 소프트웨어로 유명한 Oracle이 대표적이에요. 기업용 소프트웨어가 많이 필요한 이유는 경제의 가장 중요한 요소가 지식 정보이기 때문이에요. 개인용 컴퓨터 소프트웨어의 강자인 마이크로소프트도 회사의 업무를 처리하기 위해 기업용 소프트웨어를 구매하여 사용합니다.

소비자들이 좋아하는 상품과 서비스를 낮은 비용으로 생산하기 위해서는 각자 노력하는 것도 중요하지만 협력하는 것이 더욱 중요해요. 따라서 개인의 생각이나 정보를 효과적으로 주고받을 수 있는 방법이 중요해요. 숙제를 하기 위해 각자 열심히 노력하는 것도 중요하지만, 여럿이 힘을 합치면 숙제를 쉽게 끝낼 수 있는 것과 같은 이치예요. 그런데 이 모든 것을 종이에 써서 작업하고, 필요할 때마다 전화하고, 특정한 시간과 장소에 자주 모여서 일해야 한다면 시간과 비용이 많이 들어갑니다.

하지만 기능이 좋은 컴퓨터와 인터넷을 사용하면 효과적으로 정보를 처리하고 여러 사람이 함께 작업하기가 편해요. 인터넷도 미국 국방부가 전국에 흩어져 있는 연구소들 간에 서로 정보와 지식을 주고받으면서 협력할 방법을 찾기 위해 노력하는 과정에서 탄생했어요. 여러분이 회사의 사장이라면 각 부서가 담당한 가치 사슬의 각

기능을 연결하여 회사 전체 차원에서 좋은 상품을 낮은 비용으로 제공하도록 협력하기를 원할 거예요. 왜냐하면 회사 사람들이 연결되어 협력하지 않으면 소비자에게 가치를 주기 어렵기 때문이에요.

이러한 과정에서 필요한 것이 회사 내부에서만 이용되는 인터넷인 인트라넷(intranet)입니다. 인트라넷을 사용하여 생각을 주고받고 협력을 하면 회사 전체의 효율성이 높아집니다. 기업은 디지털 기술을 이용하여 가치 사슬을 잘 구성함으로써 더 좋은 회사를 만들 수도 있어요. 이때 기업 전체의 일하는 방식이나 가치 사슬을 바꾸는 것이 경영 혁신이에요. 회사원들은 보통 회사 전체를 생각하기보다는 각자 자기의 일이나 자기가 소속된 부서만 생각하고 일을 해요. 경영 컨설턴트들의 중요한 일 중 하나가 바로 전체 회사의 관점에서 일을 할 수 있도록 가치 사슬을 바꾸는 일이에요. 조직 전체 혹은 회사 전체를 뜻하는 전체 회사를 줄여서 전사(Enterprise)라고 해요. 전사적으로 품질을 높이자라는 의미는, 특정 부서가 아니라 회사 전체 차원에서 노력하자는 뜻이에요. 가족에 비유하면, 각자의 필요에 따라 물건을 사고 이용하는 것이 아니라 가족 차원에서 물건을 나누어 쓰기도 하고 같이 쓰기도 하는 거예요. 회사 전체 차원에서 자원과 활동을 관리하여 가치 사슬이 잘 작동하도록 해 주는 소프트웨어가 전사적 자원 관리(ERP : Enterprise resource planning)입니다.

현재 하고 있는 일들을 잘하는 것에서 나아가 새로운 방법으로 돈을 버는 사업 모델(business model)도 디지털 기술을 이용하여 만들 수 있어요. 애플은 아이튠즈(iTunes)와 아이팟(iPod), 아이폰(iPhone),

아이패드(iPad), 앱스토어 등을 중심으로 고유한 사업 모델을 구축하여 세계적인 회사가 되었어요. 음악이나 게임을 판매하는 방법이나 애플리케이션을 개발하여 돈 버는 방법을 찾아내는 일도 가치 사슬을 다시 만드는 일과 비슷해요. 비즈니스 모델은 계속 변화해요. 아이디어나 창의력 같은 보이지 않는 능력을 현실에 나타내려면 디지털 기술이 반드시 필요해요. 여러분도 일상 생활에서 지금보다 더 좋은 방식을 생각하는 연습을 하면 자기도 모르게 사업가 능력을 갖추게 될 것입니다.

공급자 관리와 고객 관리

앞에서 개별 기업의 가치 사슬을 효율화하는 방법을 알아보았는데, 실제로는 기업이 모든 활동을 스스로 할 수는 없어요. 기업 스스로 잘할 수 없는 활동은 그것을 잘하는 다른 기업에게 맡기거나 함께 협력하는 것이 유리할 수도 있어요. 실제로 기업은 기술과 상품을 개발하고 만드는 과정에서 원료와 부품을 공급하는 회사와 협력하고, 상품이 만들어진 후에는 판매 회사에 상품을 넘기거나 운송 회사나 택배 회사에게 상품을 운송시킵니다. 또한 상품을 판매한 이후에 고장 수리 업무를 다른 회사에 맡기기도 해요.

인터넷으로 상품을 구입하면 디자인 회사, 만드는 회사, 창고 회사, 택배 회사가 협력하여 소비자에게 배달하지요. 어떤 경우에는 금융 회사와 정보 보안 회사의 서비스도 필요하고, 제품 수리와 서비스를 하는 기업이 별도로 필요할 수도 있어요. 기업이 모든 문제를 해결하기도 어렵고 비용이 더 많이 들기도 하기 때문이에요.

모든 일을 가족이나 친구들만으로 해결하는 것이 비효율적일 수 있는 것과 마찬가지입니다. 때로는 유명 브랜드 회사에서 상품 제조를 다른 회사에 맡기고 브랜드 사용료만 받는 경우도 있어요. 이처럼 업무를 다른 기업에게 맡기는 것을 아웃소싱(outsourcing)이라고 해요. 현실에서는 기업들이 서로 연결되어 필요한 상품과 서비스를 생산하고 제공하는 경우가 많답니다.

모든 것이 빠르게 변할 때는 혼자서 열심히 노력하는 것만으로는 부족해요. 자동차 부품을 공급하는 회사가 하나만 잘못해도 자동차 전체가 쓸모없게 되는 것처럼 말이지요. 실제로 세계적 품질을 자랑하던 자동차 회사가 부품 하나 때문에 엄청난 피해를 본 경우도 있어요. 그러므로 많은 부품을 공급하는 회사들을 잘 관리하기 위해서 함께 노력해야 경쟁력도 유지하고 돈도 벌 수 있어요.

품질 좋은 원료와 부품을 싸고 빠르게 공급하는 회사를 하나의 그물망처럼 연결한 것을 공급망이라고 해요. 컴퓨터와 인터넷을 사용하면 공급망의 회원 기업 전체를 쉽게 관리할 수 있어요. 아이디어와 연구 개발을 빠르게 진행할 수 있고, 상품을 만들어 시장에 판매하는 전체 과정을 다른 회사보다 잘할 수 있어요.

예를 들어 볼까요? 최신 패션 옷을 만드는 데 디자이너, 섬유 회사, 봉제 회사, 판매 회사, 운송 회사 들을 하나의 거대한 조직같이

움직이도록 하는 경우가 있어요. 이 경우 모든 회사가 정보 통신 기술을 잘 활용하여 회사들끼리 잘 연결되어 있어야 하고, 회사들끼리 서로 믿으면서 공동의 이익을 추구해야 모두에게 이익이 되지요. 공급망에 속한 기업들은 서로 경쟁도 하고 협력도 하면서 팀으로 활동해요. 이러한 공급 회사 간의 관계를 관리하는 것이 바로 공급망 관리(SCM: supply chain management)입니다.

비즈니스 솔루션

● 일하는 방식의 변화

기업에서 전자(electronic) 기술을 이용하여 업무(business)를 효과적으로 처리하는 것을 e-비즈니스라 해요. 그런데 이러한 기술의 발달만으로 기업의 효율성이 무조건 높아질 수 있을까요? 컴퓨터나 인터넷을 비즈니스에 사용한다고 항상 효과가 나타나는 것은 아니에요. 컴퓨터가 보급되던 초기에 기업들이 컴퓨터에 많은 투자를 하였으나 기대와 달리 나아진 게 없었어요. 비용만 들어가고 오히려 생산성이 낮아졌다는 '생산성의 역설(productivity paradox)'을 주장하는 사람도 있었지요. '사방에 컴퓨터는 보이는데 생산성은 보이지 않는다'라는 것입니다. 공부 잘하라고 사 주신 컴퓨터와 스마트폰을 게임에만 사용하여 성적이 떨어졌다면 이는 성적의 역설이라고 할 수도 있을 것입니다. 그렇다면 이러한 생산성의 역설이 나타난 이유가 무엇일까요?

포장도 되지 않은 좁고 구불구불한 시골길에서 운전도 익숙하지 않은 사람이 최신형 스포츠카를 몰고 간다면 걸어가는 사람보다 느릴 수도 있어요. 컴퓨터나 인터넷도 마찬가지입니다. 일하는 방식은 옛날 그대로이고 사람들이 컴퓨터를 제대로 이용할 줄도 모른다면 컴퓨터는 오히려 방해가 되지요. 기업들은 컴퓨터와 인터넷의 힘을 최대로 활용할 수 있도록 일하는 방식을 새로 설계하고 직원들을 교육시키고 있어요. 이처럼 일하는 방식을 다시 설계하는 일을 업무

재설계라고 합니다. 이는 새로운 자동차가 잘 달리기 위해서는 도로를 반듯하고 넓게 확장하여 포장하고 사람들에게도 운전 교육을 해야 그 효과가 나타나는 것과 마찬가지입니다.

● **지능화된 비즈니스 솔루션**

비즈니스의 가치 사슬은 하나의 기업을 중심으로 세 부분으로 나누어 볼 수 있어요. 중심이 되는 기업을 우리 회사라고 가정하고 이야기해 봅시다. 우리 회사는 여러 가지 재료와 부품을 공급하는 회사들로부터 재료나 부품을 사서 상품을 만들어 냅니다. 우리 회사에서 만든 상품을 판매를 위해 다른 회사에게 판매하면 그 회사는 시장에서 고객에게 판매해요.

[그림 7] 단순한 가치 사슬

이때 기업도 업무를 편리하고 효율적으로 관리하는 소프트웨어를 사용하는데 이를 비즈니스 솔루션 혹은 기업 솔루션이라 해요. 수학 문제를 풀 때에도 과정이 잘 정리되어야 하는 것과 마찬가지로, 기업 문제를 해결할 때에도 잘 정리된 업무 과정에 소프트웨어가 적용되어 비즈니스 문제를 해결하기 때문에 솔루션(solution)이라고 하는 거예요.

때문에 비즈니스 솔루션을 만들어 파는 기업은 단순히 소프트웨어를 파는 것이 아니라 해결책을 파는 것과 같지요. 기업 솔루션은 구매하여 설치만 하면 되는 것이 아니므로 잘 활용할 수 있도록 회사의 업무와 정보 기술을 잘 아는 컨설턴트들이 도와주기도 해요. 비즈니스 컨설턴트들은 세계 어디에서도 높은 소득을 올리는 전문적인 직업입니다.

컨설턴트
기업의 경영에 관한 기술상의 상담을 하는 전문가로서 조언과 협력을 합니다.

디지털 시대에는 모든 경제 활동이 디지털화되고 있어요. 주식도 인터넷이나 스마트폰으로 거래해요. 물건을 주문하고 돈을 지불하는 방법도 모두 전자적으로 할 수 있지요. 휴대폰이나 스마트폰과 같이 모바일 통신을 이용한 상거래도 일상화되고 있어요. 버스를 타거나 기차를 타면 자동으로 계산이 되고, 고속 도로 요금도 자동차가 통과하면 자동으로 지불되지요. 도서관에서 책도 쉽게 빌리고 가게에서 물건을 들고 나오면 자동적으로 계산 처리되는 방식도 일상화되고 있습니다.

비즈니스 솔루션은 전자적인(electronic) 방법을 강조하는 e-비즈니스를 거쳐 최근에는 무선 기술을 이용하여 이동 중(mobile)에도 업무를 하는 m-비즈니스와 디지털 기술을 이용한 스마트 비즈니스도 일반화되고 있어요. 디지털 경제에서 유무선 정보 기술이나 스마트 기술을 사용하지 않는 기업은 없으므로 모든 기업의 업무가 e-비즈니스, m-비즈니스, 스마트 비즈니스가 되고 있습니다.

협업과 디지털 시민의 집단 지성

● 협업의 장점

웹이 처음 나왔을 때 이용자는 볼 수만 있고 쓸 수는 없었으나, 웹이 발전하여 누구나 정보를 올릴 수 있게 되었습니다. 읽기만 할 수 있는 한 방향 웹을 Web 1.0이

> **웹**
> 문자나 영상, 음성 등이 혼합된 거미줄과 같은 통신망입니다.

라 하고, 읽고 쓰기가 가능한 양 방향 웹을 Web 2.0이라고 하며, 개인의 상황까지 반영한 개인화된 웹을 Web 3.0이라 해요. 앞으로도 웹은 계속 진화할 것이며, 지금도 웹을 통하여 누구나 개방·참여·공유가 가능하지요.

웹의 발전에 따라 비즈니스도 변화하고 있습니다. 국민들은 각자 하나의 소비자로서 인터넷에서 상품 가격이나 디자인도 조사하고 다른 이용자 평판도 듣지요. 또한 지불 방식을 선택하고 배송 조건을 선택하면 주어진 날짜에 상품이 배달됩니다. 그런데 소비자가 인터넷에서 한 기업으로부터 구매를 하는 것처럼 주문받은 회사가 혼자서 모든 과정을 처리하는 것은 아닙니다. 판매 회사가 주문을 받으면 자기의 창고나 다른 회사의 창고에 물건이 있는지 확인하거나 생산 회사에 주문을 하고 택배 회사에도 통보해야 하지요. 돈을 지급하고 결제하기 위해서는 금융 기관도 관련되고 인증이나 보안 회사도 밀접하게 관련되어 있어요. 하나의 기업이라도 제대로 일을 처리하지 못하면 전체 거래가 이루어지지 않으므로 협업(collaboration)이 잘 되어야 합니다.

하나의 회사 내에서도 담당자가 각각 다르므로 잘 조정하고 협력해야 합니다. 어떤 일이 왔을 때 '내 담당이 아니다'라며 처리하지 않으면 거래가 이루어지지 않지요. 따라서 전체 거래를 효율적으로 설계하여 각자 맡은 일을 명확히 지정하고, 책임과 의무를 확실하게 결정하고 조정해야 합니다. 제대로 일하지 않았을 경우에는 벌칙도 징해야 해요. 디지털 기술이 발달했다고 해서 업무가 효율적으로 자동 처리되는 것이 아니고 협업이 필요한 거예요. 디지털 경제에서는 모두가 모두와 연결되어 영향을 미치므로 기업은 물론이고 개인이나 국가도 협업하는 능력이 중요합니다.

우리가 책을 사는 것은 종이와 글자를 사는 것이 아니라 내용을 사는 거예요. 내용이 우리를 만족시키거나 가치를 주기 때문이지요. 때문에 시장은 가치를 교환하는 장소이며, 기업은 상품이나 서비스에 가치를 넣어 교환합니다. 즉, 상품이나 서비스는 가치를 전달해 주는 수단일 뿐이에요. 과거의 시장은 상품을 거래하는 기능이 중요했으나, 미래에는 가치를 거래하는 기능으로 변화할 거예요. 무엇이든 상품을 살 필요 없이 빌려 쓰는 것도 그러한 현상입니다.

과거에는 시장에서 가치를 만들어 내는 기업과 가치를 소비하는 소비자가 서로 떨어져 있었어요. 하지만 최근에는 인터넷이나 디지털 기술을 이용하여 기업과 소비자가 공동으로 상품을 개발하고 디자인하며 상품 이름도 함께 결정해요. 이와 같이 디지털 경제에서는 가치의 창출과 교환 과정이 통합되고 기업과 기업, 그리고 기업과 소비자가 잘 협력하는 기업들만 경쟁력을 갖지요. 뿐만 아니라 국가 경제의 성공과 실패도 국경을 넘어 협력하는 능력에 따라 결정됩니다. 디지털화되어 촘촘히 연결된 글로벌 경제 문제는 국가들이 협력하지 않으면 해결되기 어렵게 되었어요.

● 집단 지성이란?

수학적으로 하나 더하기 하나는 둘입니다. 수학 법칙에 따르면 두 사람이 각자 최선을 다하여 이루어 낸 결과를 합하면 두 사람이 힘을 모아 최선을 다한 결과와 같지요. 그런데 현실에서는 두 사람이 힘을 모으면 각자 노력한 결과를 합한 것보다 좋은 경우도 있어요. 이와 같이 부분들의 합보다 전체를 하나로 묶어 나타난 합이 큰 경우 시너지(synergy) 효과가 있다고 해요.

문제를 해결하거나 새로운 아이디어를 만들 때 여럿이 모여서 공동으로 노력하는 경우에 시너지 효과를 나타낼 수도 있습니다. 디지털 기술을 이용하면 개개인의 지성을 모아 더 좋은 지성으로 만들기 쉽지요. 작가가 찍은 사진의 제목을 무엇으로 할지, 축구나 야구 등의 팀 이름과 마스코트를 무엇으로 할지 여러 사람들의 의견을 모아 결정할 수도 있어요. 방송국에서 초대할 인기 가수와 음악을 사람들의 의견을 모아서 결정하고, TV 오디션 결과에 시청자가 참여할 수도 있어요.

우리는 각자 지성을 쌓아 가는 한편 여러 사람과 협력과 경쟁도 하면서 지성을 쌓아 갑니다. 많은 사람들이 협조와 경쟁을 통하여 집단으로 만드는 지성을 집단 지성(collective intelligence)이라 해요. 집

단 지성을 이용하여 기업들은 좋은 상품을 만들고, 정부는 좋은 정책을 만들 수 있어요. 또한 지구 문제를 해결하는 데 세계의 모든 사람들의 지혜를 모을 수도 있어요. 네이버의 지식iN이나 온라인 백과사전 위키피디아는 대표적인 집단 지성 현상입니다.

좋은 집단 지성이 만들어지려면 서로 다른 지식이나 관심을 가진 사람들이 협조해야 해요. 똑같은 생각을 하는 사람들만 모여 있다면 숫자가 많아도 집단 지성의 효과가 없어요. 수학은 잘하지만 역사를 잘 모르는 사람, 영어는 잘하지만 중국어는 잘 모르는 사람이 모여야 서로에게 도움을 줍니다. 서로 다른 분야의 지식이나 정보를 갖고 전 세계 사람들과 아이디어와 지식을 나누어 가지는 것입니다.

얼굴과 이름을 몰라도 세계 어느 곳의 누구와도 쉽게 생각을 나눌 수 있도록 하는 것이 바로 디지털의 힘입니다. 이 힘을 이용하여 사람과 기업의 사회 경제 생활이 편리해지지요. 디지털 경제에서는 경쟁도 중요하지만 남과의 협력도 중요합니다. 우리가 친구를 만들고 선후배를 만들듯이 끊임없이 네트워킹해야 하지요. 개인들은 똑똑하지 않더라도 집단이 노력하면 똑똑한 개인보다 좋은 결과를 만들 수 있어요. 개인주의가 강한 미국에서도 집단 지성을 살려 애플리케이션도 개발하고 SNS를 이용하여 사회 문제를 해결하기도 해요.

여럿이 힘을 합쳐 좋은 세상을 만들려고 노력해도, 정보나 아이디어를 공짜로 받기만 하고 주지는 않은 사람들이 늘어나면 건강한 네트워크가 유지되지 않습니다. 많은 사람들의 의견이나 아이디어를 모아 놓았다고 해서 좋은 정보가 되는 것은 아닙니다. 돈을 지불하지 않은 정보는 정확하지 않거나 오래된 정보일 수도 있고, 잘못된 정보이더라도 아무도 책임을 지지 않지요. 정보에 대한 객관적인 판단이 없으면 잘못된 정보들만 돌아다닐 수도 있는 만큼 정보와 아이디어를 정리하고 새롭게 만드는 역할이 필요합니다.

정보나 아이디어도 돈을 지불하는 사람이 있어야 좋은 정보가 계속 나옵니다. 중요한 아이디어나 정보도 하나의 상품이므로 가치 있는 정보에 대하여 인정해 주어야 해요. 자발적으로 이루어지는 집단 지성의 장점을 살리려면 디지털 시민 의식과 사이버 윤리 의식을 갖춘 사람들이 많이 양성되어야 한답니다.

전자 정부의 역할

경제는 시장을 중심으로 기업과 소비자가 중요한 역할을 하지만 시장을 잘 유지하는 정부의 역할도 중요합니다. 기업이나 소비자가 변화해도 정부가 변하지 않으면 사회적으로 디지털 효과가 크게 나타날 수 없어요. 사업이나 생활에 필요한 서류를 떼기 위해 동사무소를 직접 방문해야 한다면, 국민들은 불편하고 기업은 경쟁력을 높이기 어렵겠지요. 외국 기업들도 오지 않고 국내 기업도 기업하기 좋은 외국으로 나갈 것이므로 정부도 디지털 사회에 맞도록 변해야 합니다.

상품이나 서비스를 온라인으로 거래할 때 세금을 어떻게 받을지, 온라인 거래에서 소비자를 어떻게 보호해야 하는지도 중요해요. 국경 없는 인터넷 경제에서 발생하는 세금 문제를 해결하고 소비자를 보호하기 위해서 세계의 정부들이 서로 협조해야 하지요.

결국 국민과 기업의 디지털화에 맞추어 정부도 디지털화되어야 합니다. 요즘은 필요한 서류를 인터넷에서 신청하여 받을 수 있고, 여권도 인터넷 신청이 가능하며, 세금도 인터넷으로 지불할 수 있어요. 이와 같이 국민과 기업이 정부 기관에 직접 방문하지 않고 많은 일을 할 수 있도록 하는 정부가 전자 정부(e-Government)입니다. 한국의 전자 정부는 세계가 인정하는 수준이지만, 디지털 사회에서 나타나는 부작용을 줄이기 위한 정부의 노력도 중요합니다. 국민과 기업이 디지털 보안을 위해 노력하고, 정부는 사이버 국방을 위해 노력하여, 국민과 기업이 안전하게 살 수 있는 나라를 만들어야 할 것입니다.

디지털 세상에서는 개인의 사생활과 정보 보호가 더욱 중요해집니다. 얼굴도 모르는 사람들이 의견을 교환하고 거래를 하기 위해서는 신뢰와 예절이 있어야 하지요. 기업들이 정보를 잘못 관리하면 엄청난 손해를 볼 수 있습니다. 이러한 이유로 국가 안보가 중요하듯이 사회가 디지털화될수록 사이버 보안 혹은 디지털 보안도 중요해지지요. 국가적으로 사이버 테러나 사이버 전쟁에 대비하는 것도 시급한 문제입니다.

디지털 경제에서 불법 다운로드와 불법 복제를 막고 창작물을 건전하게 활용하도록 하기 위한 정부의 노력은 디지털 경제의 발전과 직접 관련이 있어요. 사람들이 힘들게 만든 작품이나 연구물은 지적인 노력의 결과물이므로, 불법으로 다운로드하거나 복제하는 것은 물건을 훔치는 것과 마찬가지입니다. 다른 사람의 지적 재산을 공짜로 즐기면 결국 아무도 노력하지 않게 되지요. 결국 좋은 작품이 생산되지 않는 디지털 후진국이 되는 것입니다.

이처럼 국민과 기업과 정부 중 하나라도 준비가 되지 않는다면 디지털 기회를 이용하지 못하게 되겠지요. 특히 디지털 시대에 편리하고 안전하며 풍요롭게 살기 위해서는 지능 정보 사회에 적합한 지능 정부를 만들어 나아가야 합니다.

스마일 곡선과 특허 · 디자인 전쟁

　　어떤 일을 하는 것이 돈을 많이 버는 일인지 미리 알아내기는 쉽지 않아요. 새로운 상품과 서비스가 계속 나와서 시장을 바꾸고 있기 때문입니다. 몇 년 전 휴대폰으로 세계적인 기업이 되었던 노키아사나 워크맨으로 세계의 젊은이들을 열광시켰던 소니 (Sony)사도 우리나라의 삼성과는 판매량에서 비교가 되지 않아요.

　　그러나 글로벌 경제에서 상품을 많이 판다는 것이 높은 부가 가치를 만든다는 것을 의미하지는 않아요. 어떤 상품을 만들어 파는 과정을 가치 사슬로 나타낼 수 있다고 하였는데, 가치 사슬의 여러 활동을 살펴보면 어떤 활동이 부가 가치를 많이 만들어 내는 지 알 수 있어요. 현재의 산업에서 부가 가치와 가치 활동을 관찰하면 다음 그림과 같이 나타납니다. 그림의 모양이 웃는 모습과 비슷하여 스마일 곡선(smile curve)으로 알려져 있어요.

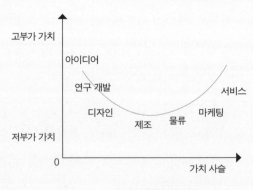

가치가 생산되는 흐름

이 그림을 보면 새로운 아이디어나 연구 개발, 디자인, 서비스 등이 부가 가치를 많이 만들어 내고, 상품을 제조하는 것은 상대적으로 부가 가치를 적게 만든다는 것을 알 수 있어요. 산업에 따라서는 제조가 부가 가치를 가장 많이 생산하는 경우도 있을 수 있으나, 산업 경제에서 디지털 경제로 진화할수록 창의력에 기초한 아이디어와 연구 개발, 인간을 편리하게 해 주는 서비스가 부가 가치를 더욱 많이 만들어 낼 가능성이 높습니다.

삼성이나 애플이 스마트폰이나 태블릿 PC를 만들어 판매하다가 갑자기 기술 특허와 디자인 특허 전쟁을 하는 이유도 핵심 기술과 디자인이 높은 부가 가치를 만들기 때문입니다. 물건을 만드는 일은 세계 최고 수준인 우리 기업들이 연구 개발과 디자인 능력까지 갖춘다면 세계 시장에서의 위력은 더욱 커질 것입니다. 각자가 생각하는 스마일 곡선에서 부가 가치를 높일 수 있는 관심 분야와 재능을 찾는 것도 미래를 설계하는 방법입니다.

기업의 새로운 역할에 대해서 살펴볼까요?

기업은 기본적으로 상품을 공급하는 역할을 해요. 상품을 생산하고 운반하며, 상점에서 판매되는 과정을 관리하지요.

이 모든 과정에서 빠르게 정보가 처리될 수 있도록 컴퓨터와 인터넷을 활용하고 있어요.

전반적인 공급망을 정확하게 관리해야지.

기업은 소비자의 다양한 기호가 반영되도록 민감하게 듣고 상품을 기획해야 해요.

뭐라고요?

시민들은 지식과 정보를 모아서 보다 고급 정보를 만들 수 있도록 협력해야 합니다.

지식을 모으자, 으샤!

고급 정보를 위하여!

집단 지성

정부는 디지털 경제에서 발생할 수 있는 다양한 문제들을 예방하고 해결하기 위한 노력이 필요해요.

정부

정책

디 지 털 금 융

상품을 사고팔기 위해서는 현금이나 수표, 신용
카드가 사용되는데 이와 관련된 모든 서비스가
금융 서비스에 속해요. 지금부터는 돈을 거래하
고 재산을 관리하는 금융 회사에서 이루어지는
디지털 금융에 대해서 알아봅시다.

가정이나 기업이 버는 수입이 지출보다 크면 저축을 하고, 지출이 더 크면 돈을 빌려야 합니다. 당장 돈이 필요하지만 받을 돈은 한참 후에 들어오는 경우도 있어요. 즉, 수입과 지출의 크기를 정확히 맞추기도 어렵고, 수입과 지출 시점을 맞추기는 더욱 어렵지요. 한편, 돈이 필요한 사람과 돈이 남는 사람이 만나더라도 쉽게 돈 거래를 하기 어려운 경우가 있어요. 왜냐하면, 빌려 줄 사람은 돈을 빌려 주는 대가와 함께 확실히 돌려받을 방법을 원하기 때문이지요. 급하게 돈이 필요한 사람이 높은 이자를 준다고 하더라도, 빌려 준 돈을 돌려받는다는 보장을 하기 어려우므로 돈 거래가 쉽지 않은 것이지요. 이와 같이 돈을 빌리는 게 쉽지 않고 시간과 비용도 많이 들기 때문에 전문적으로 돈을 중개하는 역할이 필요합니다. 또한 우리가 스스로 돈을 관리하기 어렵기 때문에 우리가 모은 돈을 받아서 필요한 사람이나 회사에게 빌려 주고 사업이나 주식에 투자하는 등 돈을 전문적으로 관리하는 역할이 필요해요. 저축한 돈을 받아 필요한 사람이나 회사에게 빌려 주거나 잘 투자하는 일처럼 돈을 융통하는 것을 금융이라고 합니다. 금융 산업은 수익을 높이고 위험을 줄이기 위해 정보와 지식을 사용하는 대표적인 산업으로서 디지털 기술을 가장 많이 사용합니다. 최근에는 디지털 융합에 따라 은행, 증권, 보험으로 나누어져 있던 금융 산업도 서로 융합되고 있어요.

정보 통신 기술과 금융 기관의 발달

우리는 모아 둔 돈을 여러 가지 방법으로 보관할 수 있어요. 현금으로 금고에 쌓아 놓을 수도 있고, 금이나 달러 등 외국 돈으로 바꾸어 보관할 수도 있어요. 땅이나 빌딩을 사거나 주식 시장에서 주식 투자를 할 수도 있고 은행에 예금할 수도 있지요. 사람들의 예금을 받아서 돈이 필요한 사람에게 빌려 주는 중간 역할을 하는 금융 기관이 바로 은행입니다.

목돈이 없을 때 우리는 은행에서 돈을 빌려 집을 사고 빌린 돈은 조금씩 갚아 나갈 수 있어요. 우리가 돈을 갚지 않을 때를 대비하여 은행은 안전 장치를 마련해요. 빌린 돈을 모두 갚기 전에는 은행의 허락 없이 집을 마음대로 팔지 못하도록 해 놓는 것입니다. 은행의 입장에서 보면 은행은 예금을 받아서 이자를 주고, 더 높은 이자로 돈을 빌려 주는 거예요. 이것은 돈을 빌려 간 사람들이 돈을 갚지 못할 수도 있으므로 위험 관리를 하는 것입니다. 돈을 갚지 못할 경우에 대비하여 집이나 땅을 담보로 맡기도록 하고, 돈을 빌려 간 회사가 사업이 잘 되는지 관찰하고 분석하지요.

은행 중에서도 예금을 받아 돈이 필요한 사람이나 기업에게 돈을 빌려 주는 일을 하여 돈을 버는 은행이 상업 은행입니다. 싼 값에 돈을 사서 비싸게 파는 상업 활동이므로 상업 은행이라고 하는 거예요. 그리고 사업이나 주식에 직접 투자하는 은행을 투자 은행이라고 해요. 사람들의 돈을 모아 대신 투자해 주거나 자산을 관리해 주면서 돈을 버는 금융 기관도 있어요.

상품을 살 때에도 품질과 가격 정보와 지식이 필요하듯이, 재산을 어떻게 갖고 있을 것인지 결정하려면 정확한 정보와 지식이 필요해요. 아파트나 주식은 물론이고 자동차나 스마트폰을 살 때에도 얼마나 많은 정보나 지식이 필요한지 생각해 보면 알 수 있지요. 금융의 핵심 능력은 정보를 파악하고 분석하는 능력입니다. 사람들이 맡긴 돈을 투자하고 빌려 주는 은행은 정확한 정보를 수집하고 처리할 수 있는 능력이 있어야 해요. 부도 가능성이 높고 신용이 낮은 회사나 개인에게 돈을 빌려 주어서는 안 되지요.

주식 투자를 하는 증권 회사나 보험 회사도 정보와 지식의 활용이 성패를 결정해요. 은행, 증권, 보험 등 모든 금융 산업은 정보와 지식을 집중적으로 사용하는 대표적인 산업입니다. 그러므로 정보와 지식을 처리하고 전달하는 디지털 기술이 금융 산업에 많이 사용되는 것은 당연해요. 특히 금융 산업은 컴퓨터와 정보 통신망으로

이루어지기 때문에 은행이나 증권 회사에 가면 정보 시스템으로 가득 차 있는 게 세계적인 현상입니다.

정보 통신 기술은 정보 수집과 처리의 속도와 분석 능력을 크게 향상시켰어요. 언제 어디에서나, 국제적으로도 현금 인출과 증권 거래가 가능하게 되었지요. 전철과 버스를 탈 수 있는 카드도 디지털 기술 때문에 가능한 금융 현상이에요. 스마트폰으로 물건을 사고 게임을 다운로드받고 음식점과 극장에서 지불하는 것도 모두 은행이 디지털화되어 가능하게 된 것입니다.

컴퓨터와 인터넷이 사용되지 않는다면 금융 기관에서 돈을 빌리거나 필요한 돈을 찾는 데 시간과 비용이 많이 들어 생활도 불편할 거예요. 컴퓨터가 금융업에 사용되면서부터 여러 사람들이 쉽게 정보를 주고받아 일을 잘 처리할 수 있게 되었어요. 제주도에서 예금한 돈이 순식간에 전국 방방곡곡 필요한 사람에게 갈 수 있는 것처럼 말이지요. 과거에는 효과적으로 활용되지 못하던 돈이 필요한 곳에 사용됨으로써 경제가 더욱 발전하게 된 것도 사실입니다. 국내는 물론이고 세계 어디에서나 돈이 필요한 사람과 남는 사람이 서로 쉽게 만날 수 있으며, 금융 기관은 금융 자원을 가장 효율적으로 배분하는 역할을 하지요. 이러한 금융은 국내를 넘어 세계적으로 연결되어 거래가 이루어지고 있어요. 이러한 시대에 세계적인 금융 기관이 되려면 세계 어느 곳에서나 언제든지 필요한 정보를 파악하고 분석하는 능력을 갖추어야 해요. 즉, 은행에서 사용하는 정보 기술과 은행에서 일하는 사람 모두 세계적 수준의 디지털화가 되어야 세계적인 은행이 될 수 있는 것이지요.

증권 회사와 주식 시장

기업에서 돈이 필요하면 어떻게 할까요? 은행에서 대출받거나 채권을 파는 방법, 주식을 발행하여 팔아서 돈을 마련하는 방법이 있겠지요. 앞의 두 가지 방법은 회사가 돈을 빌리는 것이고, 주식은 투자가가 회사에 투자하도록 하여 돈을 마련하는 것입니다. 그러므로 대출이나 채권을 통

채권
기업이 돈을 빌릴 때 발행하는 원금과 이자를 약속한 증서를 말합니다.

해서 마련한 돈은 갚아야 하지만, 주식으로 마련한 돈은 갚을 의무가 없어요. 단, 회사 경영을 잘해서 주식을 산 사람이 돈을 벌도록 해 주어야 합니다.

주식은 회사의 소유권을 잘게 나눈 증서입니다. 예를 들어 100억 원의 가치가 있는 회사가 100장의 주식을 발행했다면, 주식 한 장은 1억 원의 가치를 나타냅니다. 이때 회사의 가치가 200억 원으로 오르면 주식 한 장의 가치는 2억 원이 되지요. 1억 원을 주고 산 주식이 값이 오르면 주식을 산 사람은 이익을 볼 수 있겠지요. 아파트 값이 오르면 아파트를 산 사람이 이익을 보는 것과 마찬가지입니다. 이러한 주식을 발행하고 거래하는 시장이 바로 주식 시장 또는 증권 시장입니다. 그리고 회사들의 주식 발행과 거래를 도와주면서 돈을 버는 회사가 증권 회사입니다.

증권 회사도 컴퓨터와 인터넷을 사용하면서 기업에 대한 정보와 기업의 주식 가격에 대하여 신속하게 알려 줄 수 있게 되었어요. 사고 싶은 주식이 있으면 즉시 증권 회사에 연락하여 주식을 사게 할 수도 있고, 증권 회사를 거치지 않고 증권 시장에 접속하여 직접 주식을 사고팔 수도 있어요. 인터넷이 등장하면서 기업과 소비자 사이에서 중개 역할을 하던 회사가 많이 없어졌듯이, 금융 산업에서도 중간에서 거래를 도와주던 회사들의 일이 많이 없어졌어요. 이에 대비하여 증권 회사들도 정보와 지식을 더욱 강화하는 추세입니다.

보험 산업의 디지털화

갑자기 큰 병이 나서 일도 못하고 병원비가 많이 들어가면 대부분의 사람들은 경제적으로 어렵게 되지요. 개인의 저축으로는 큰 위험을 막기 어려우므로 많은 사람들이 조금씩 돈을 모아 큰 사고를 당한 사람에게 모아 주면 위기를 넘길 수 있어요. 돈을 낸 사람들 중에 사고를 당하지 않은 사람은 돈을 낭비했다고 생각할 수도 있으나, 만일의 사태가 발생하여 당할 위험을 없애는 비용을 지불한 것입니다. 회사도 비상금을 모아 두기는 하지만 예상하지 못했던 피해가 발생하면 파산할 수 있어요. 회사들도 조금씩 돈을 모아서 피해를 당한 회사에게 주면 크게 도움이 됩니다. 큰 피해를 당하지 않은 회사들은 아깝게 생각할 수도 있으나, 만일의 경우 자기 회사의 파산을 막을 수 있으므로 돈을 낼 것입니다.

이와 같이 개별적으로 돈을 저축하는 것만으로는 해결하기 어려운 큰일에 대비하는 방법 중의 하나가 보험입니다. 보험은 피해를 볼 위험이 있는 여러 사람들로부터 조금씩 보험료를 받아 피해가 발생한 사람에게 보험금을 지급하기로 하는 약속입니다. 보험은 인류가 위험을 줄이고 관리하고자 하는 노력의 결과로서 위대한 발명품이지요. 요즘은 건강 보험, 자동차 보험, 여행 보험은 물론이고, 스마트폰 분실 보험, 스포츠 스타나 연예인의 특정 신체 부위에 대한 보험도 있어요.

보험 산업의 핵심은 위험이 발생할 확률과 그 위험 때문에 발생하는 피해의 크기를 정확하게 계산하는 것입니다. 보험 가입자들이 지불해야 할 보험료와 위험이 발생했을 때 지급할 보험금의 크기를 결정하려면 수많은 정보를 체계적으로 수집하고 분석해야 해요. 따라서 보험도 결국 정보와 지식을 집중적으로 이용하는 산업으로 디지털 기술을 많이 사용할 수밖에 없어요.

디지털 기술은 보험 산업에 큰 변화를 가져왔어요. 우선 보험 가입자를 확보하기 위해서 과거에는 일일이 사람들을 방문했지만 이제는 인터넷에서 스스로 가입할 수 있어요. 또한 자기의 보험료가 얼마인지 스스로 계산할 수 있고, 사고가 발생했을 때 즉석에서 보험 회사에 사고 신고를 하고 처리할 수도 있어요. 또한 정확한 정보 통계를 이용하여 새로운 보험 상품도 개발할 수 있게 되었어요. 이와 같이 디지털 기술은 보험 회사의 일하는 방식도 바꾸어, 보험 상품 개발 외에도 보험 가입자들이 직접 보험에 가입하고 편리하게 보험금을 받을 수 있도록 합니다. 앞으로는 은행이 보험을 팔 수 있듯이 보험 회사도 은행 업무를 할 수 있게 될 것이며, 정보와 지식으로 경쟁하는 서비스 산업으로 변화할 것입니다.

앞으로는 은행, 증권, 보험 등 금융 산업 간의 구분이 점차 사라지면서 금융 간 융합이 빨라질 겁니다. 금융에 필요한 다양한 정보를 수집하고 분석하는 역량을 갖추게 됨에 따라 일어나는 자연스러운 결과이지요. 은행이 보험을 파는 현상은 이미 일상화되어 있는데, 이를 은행과 보험을 의미하는 Bank와 Assurance의 합성어인 방카슈랑스(Bancassurance)라고 합니다. 증권 회사나 보험 회사도 고객 정보와 금융 정보를 이용해 은행이 독점했던 업무까지 처리할 수 있습니다. 그 결과 금융 업무의 경계가 낮아지고 금융 기관 간의 경쟁은 더욱 치열해지겠지요.

이렇게 되면 금융 산업에 대한 정부의 정책도 변화합니다. 금융 기관의 안정과 신뢰를 위해 과거에는 은행감독원, 보험감독원, 증권감독원 같은 정부 기관이 따로 따로 있었지만, 지금은 세 분야를 모두 아우르는 하나의 금융감독원으로 변화한 것도 디지털 환경에 따른 변화로 볼 수 있지요.

금융 분야에서 역시 우리의 달라진 생활 방식에 적합한 상품과 서비스를 개발하여 제공할 수 있는 창의성이 절실히 요구됩니다.

국제 금융과 금융 위험의 국제화

디지털로 연결되지 않은 경제에서는 어느 한 지역이나 산업에서의 경제 문제가 다른 경제에 큰 영향을 미치지 않았어요. 하지만 디지털화되면서부터 촘촘히 연결된 금융 시장의 경우 위험은 더욱 빠르고 복잡하게 세계로 퍼져 나가게 되었어요. 경제가 복잡하게 발전하고 세계화되면서 위험도 복잡해지고 그 크기와 그 전파 속도도 빨라진 것이지요.

미국에서 주택 금융 회사들이 소득이 낮은 사람들에게 돈을 빌려 주어 집을 사게 했는데, 경제가 나빠져서 돈을 갚지 못하는 사람들이 한꺼번에 늘어나면서 글로벌 금융 위기로 퍼진 사례도 있어요. 물론 금융 기관에서 디지털 기술이 많이 사용되는 것이 글로벌 금융 위기의 직접 원인은 아니에요. 하지만 이러한 위험 요소가 전 세계로 빠르게 전파되는 데 영향을 주었음에는 틀림없지요.

그럼 국제 금융 시장에 대해서 좀 더 알아볼까요? 외국 물건을 사려면 그 나라의 돈이 필요해요. 외국 돈은 자기 국가의 돈과 교환되어야 하므로 외환이라고 합니다. 또, 미국 달러, 유로와 같이 국제 거래에서 사용되는 돈을 국제 통화라고 하지요. 외국 돈을 직접 시장에 가서 사거나 파는 것은 불편하고 비용도 많이 들기 때문에 은행이 외환을 사 두었다가 필요한 사람에게 파는 중개 역할을 해요. 이때 외국 돈을 한국 돈과 바꾸는 비율이 환율이며 돈의 가격입니다. 환율은 사려는 액수와 팔려는 액수에 따라 외환 시장에서 결정되지요. 외환도 거래하고 돈을 빌리고 빌려 주는 시장을 모두 합하여 국제 금융 시장이라고 해요. 인터넷을 이용하여 거래하면서 국제 금융 시장도 훨씬 효율적으로 되었어요.

하지만 디지털 금융 시장이 세계적으로 연결되고 효율적으로 움직이면서 문제도 나타나고 있어요. 조금이라도 이익이 되는 곳이 있으면 순식간에 자본이 몰렸다가, 약간의 위험 가능성이 있으면 순식간에 빠져나가기 때문이에요. 이러한 금융 거래 자체가 경제를 불안하게 할 수도 있지요. 이 문제를 줄이기 위해 최근에는 외국 자본이 단기적으로 해외에 들락날락할 때마다 세금을 물리자는 의견도 제시되고 있어요.

우리는 잘 알지 못하거나 믿을 수 없는 사람 즉 신용이 없는 사람과는 거래를 하지 않습니다. 신뢰가 있고 투명해야 돈도 빌려 줄 수 있지요. 금융 기관이나 회사들이 돈을 거래하는 금융 시장도 투명하고 서로 신뢰해야 거래가 이루어진답니다. 원칙도 없고 투명하게 거래하지 않는 국가에 누가 투자를 하겠어요? 안정적인 선진국에 돈과 기업들이 몰리는 이유는 위험이 적고 신뢰할 수 있기 때문이에요. 앞에서 배운 것처럼 금융 시장은 위험과 신뢰에 민감합니다.

그러므로 모든 국가에서는 금융 시장에 대하여 엄격한 기준을 두고 투명한 거래를 하도록 규제하고 있어요. 엄격한 규정과 규제를 위해 국가의 법을 고치고 금융 기관들이 이용하는 정보 시스템을 국제 기준에 맞도록 갖추지 않는다면 국제적인 신뢰를 받을 수 없어요.

파생 금융 상품
외환이나 채권, 주식 등 기초가 되는 자산의 가치가 변하여 발생하는 위험을 회피하기 위해 만들어진 금융 상품입니다.

즉, 국제적인 신뢰와 신용을 얻는 중요한 방법은, 투명하고 신뢰할 수 있는 정보 관리와 업무 처리를 위한 디지털 시스템을 확보하는 것입니다. 정부나 사람들이 이해하기 어려운 속도로 파생 금융 상품이 개발되고 넓게 퍼져 나가면 금융 상품의 위험이 세계 곳곳에 번지게 됩니다. 그러므로 세계 기준에 맞도록 금융 기관들이 경영을 투명하게 해야 외국 사람들이 한국에 투자하고 금융 산업이 발전할 수 있을 거예요.

금융 회사에서 일하기 위해서는 다양한 정보와 지식을 갖추고 디지털 기술에 대한 이해가 높아야 해요. 국제 금융 분야에서 유능한 사람들이 나와야 세계적인 금융 기업도 나오고 한국도 금융의 중심지가 될 수 있어요. 물건을 만들어 경제 성장을 하는 것도 중요하지만, 금융 전문가와 금융 기업들이 많이 모인 중심지가 되면 좋은 일자리, 많은 정보, 세계적인 기업이 몰려오게 되지요. 우수한 사람들과 좋은 기업들이 오면 많은 기회가 생기고, 더욱 좋은 사람과 기업이 오게 되는 것입니다. 이에 대비하여 금융 국제화와 위험 관리를 위한 디지털 금융에 대한 이해를 높일 필요가 있답니다.

은행은 물론 주식 투자를 하는 증권 회사나 보험 회사도 정보와 지식을 활용해요.

증권 시장에는 다양한 정보 시스템이 가득해요.

컴퓨터 회사인가?

언제 어디서나 거래가 가능해졌고, 카드 한 장으로 전철과 버스를 탈 수 있게 된 것도 디지털 금융 현상이지!

금융 산업의 가장 큰 경쟁 도구는 바로 디지털 기술입니다.

디지털 기술

정보 통신 기술로 인해 정보 수집, 처리, 속도, 분석 능력이 크게 향상되었어요.

정보 통신

분석
처리
활용
수집

스마트폰으로 물건을 사고 영화를 예매하는 것도 디지털 금융의 발달 때문입니다.

다섯 번째 수업

디지털 경제의
미래와 준비

앞으로 디지털 경제가 어떻게 진화하고 발전할 것인
지 예측하기가 쉽지 않으나, 우리는 새로운 환경을 이
해하고 적응하는 동시에 미래를 준비해야 합니다. 현
재보다 나은 세상을 만들고 미래를 준비하기 위해서
는 창조적인 혁신이 필요한데, 이는 국민과 기업과 국
가가 갖추어야 할 중요한 역량입니다.

수능과 유명 대학교의 논술 연계

2005년 수능 경제 문제 7번

2005년 수능 경제 문제 18번

디지털 경제의 진화

앞으로 디지털 경제의 진화는 일상 생활과 기업, 정부 모든 분야에서 나타날 것입니다. 인간 생존에 필요한 식량과 에너지를 확보하는 일부터, 생명과 건강에 필요한 혁신들이 서로 융합되면서 우리의 상상을 넘는 일들이 벌어질 수도 있어요. 회사는 먼저 상품을 만들어 놓고 파는 것이 아니라, 사람들이 필요로 하는 것만 만들어 전해 주는 경제가 될 거예요. 뇌 과학과 정보 기술이 결합하여 우리가 생각하고 원하는 것을 자동으로 인식하는 공상 과학 이야기도 미래에는 현실이 될 수 있습니다.

요즘은 재능을 발휘하여 성공하는 조건도 변화하고 있어요. 과거에는 유명한 스타가 되려면 반드시 기획사와 방송을 통해야 했어요. 그러나 지금은 자기의 재능을 세상 사람들에게 직접 보일 수 있는 길이 얼마든지 있어요. 조그만 도시에서 시계를 팔던 사람이 음악 대회에 나가 부른 노래가 인터넷에 올라 하루아침에 세계적인 스타가 된 경우도 있지요. 좋은 게임이나 소프트웨어라면 어느 날 갑자기 사람들에게 인기 있는 상품이 될 가능성이 언제든지 열려 있어요. 그러나 아무리 기술이 발전해도 우리가 경험하는 변화는 단순히 기술을 직용하여 이루어지는 것이 아닙니다. 기술을 직용하기 위해 일하는 방식과 사고방식을 계속 바꾸어 왔기 때문에 가능한 것이지요. 인터넷이나 스마트폰의 발전만으로는 경제와 사회가 진화하기 어려우며 모든 분야가 함께 바뀌어야 해요.

사람들에게 좋은 일자리를 많이 만들어 국민들이 높은 소득을 얻을 수 있도록 하고, 물가도 높지 않아 안정적인 생활을 할 수 있게 해야 좋은 경제라 할 수 있어요. 그러므로 정부는 경제를 성장시켜 일자리를 만들고 물가를 안정시키는 것을 가장 중요한 경제 정책 목표로 삼고 있지요. 일자리를 늘리려면 사람들이 소비를 하거나 기업이 투자하거나 정부가 지출을 해야 해요. 소비와 투자가 늘면 가격이 상승해요. 기업 투자가 증가하면 일할 사람이 필요해지고, 사람이 부족해지면 월급이 올라가지요. 원료 가격과 월급이 오르면 기업이 상품 만드는 비용이 높아져서 상품을 높은 가격에 팔아야 해요. 시장의 상품 가격이 계속 오르는 것이 인플레이션입니다.

이와 같이 경제가 계속 성장하면 실업은 줄지만 물가는 상승하는 관계를 찾아낸 사람이 필립스(A. W. Phillips)입니다. 그 사람의 이름을 따서 실업과 물가의 관계를 나타낸 그래프를 필립스 곡선(Phillips

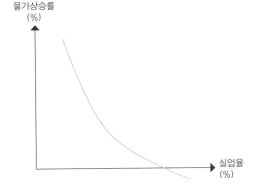

필립스와 필립스 곡선

Curve)이라고 해요.

디지털 기술이 사용되면 사람들이 일을 효율적으로 하므로 생산은 더 많이 하지만 비용은 낮아져 가격도 낮출 수 있어요. 과거와 달리 경제가 계속 성장하더라도 물가가 오르지 않게 되면 실업과 인플레이션의 관계가 바뀔 수도 있지요. 일자리를 많이 만들어 실업률을 낮추어도 물가가 많이 오르지 않게 되는 것입니다.

그러나 기업들이 디지털 기술을 사용하여 자동화와 효율화를 하면서 일자리가 줄어드는 현상도 나타납니다. 이러한 현상을 고용 없는 경제 성장이라고 해요. 그러므로 디지털 경제에서 마이크로소프트, 애플, 구글, 페이스북과 같은 회사가 계속 탄생해야 일자리가 늘어날 수 있어요. 디지털 경제에서 창의와 혁신을 하는 기업과 국가 경제는 성장하지만, 변화도 하지 못하고 창의력도 없다면 오히려 경제 성장도 못하고 일자리도 잃어버릴 수 있지요. 지식과 창의력을 갖춘 개인과 기업, 국가는 디지털 경제에서 번영을 누리지만, 그렇지 못하면 오히려 더 뒤떨어질 수 있어요. 이와 같이 강한 기업은 더 강하게 되고 약한 기업은 더 약하게 되는 양극화는 디지털 경제의 대표적인 현상 중 하나입니다. 디지털 경제는 창조적 파괴 과정을 거치면서 스마트 경제, 지식 경제, 창의력 경제로 스스로 변화할 수 있는 능력을 필요로 해요.

창조적 파괴와 스마트 파워

1900년대 초반 하버드 대학교의 경제학 교수였던 슘페터(Joseph Schumpeter)는 기업가 활동의 핵심에 있는 창조적 파괴(creative destruction)의 힘을 강조했어요. 새로운 것을 창조하기 위해서는 현재의 상품, 생각, 일하는 방법을 과감하게 파괴, 즉 혁신을 일으켜야 한다는 것입니다. 이를 통해 기업은 시장에서 돈을 벌고 자본주의 사회를 풍요롭게 만들 수 있어요.

새로운 기업을 만들기 위해서 새로운 상품만 생각할 필요는 없어요. 같은 상품을 만들더라도 새로운 방법으로 싸게 만드는 방법을 찾는 것도 창조적 파괴입니다. 어른들의 생각은 과거와 현재에 맞추어져 있을 가능성이 높지만, 미래에 활동할 청소년들은 현재에 대해 이해하면서 미래에 대해 새로운 방식으로 생각해야 해요. 이러한 자세는 개인을 풍요롭게 하고 사회와 경제가 발전하는 데에도 기여하게 될 것입니다.

디지털 시대 이전에는 좋은 상품과 서비스를 낮은 비용으로 빠르게 만들어 시장에 파는 것이 기업의 가장 중요한 일이었어요. 하지만 미래에는 새로운 아이디어를 생각하고 실현하는 능력이 더욱 중요하게 될 것입니다. 상품을 만드는 능력은 다른 기업들도 쉽게 모방하거나 뛰어넘을 수 있기 때문이지요. 또한 과거에는 대량으로 생산하는 것이 중요했으나, 이제는 소량이라도 소비자가 원하는 것에 맞추어 주지 않으면 팔리지 않는 시대가 되었어요. 그래서 기업은 소비자를 참여시켜 생산하는 방법을 선택하거나 새로운 방법으로 사업을 하고 있습니다.

새로운 방식의 사업으로 성공한 사례를 살펴봅시다. 스티브 잡스가 경영을 주도했던 애플은 아이튠즈라는 음악 판매 서비스로 음악 시장에 큰 변화를 가져왔어요. 그 전까지는 무료 다운로드 사이트 때문에 온라인 음악

> **교과서에는**
>
> 인터넷의 발달로 소비자가 제품을 구입할 수 있는 경로가 다양해지면서 소비자가 전보다 제품 생산에 많은 영향을 미치게 되었어요. 이는 기업이 소비자의 참여와 요구를 적극적으로 반영하지 않으면 경쟁에서 살아남기 어렵게 된 것을 의미합니다.

시장은 돈을 벌 수 없다고 생각되었지요. 하지만 애플은 멋진 아이팟을 개발하고 아이튠즈에서 음악을 사서 다운로드할 수 있도록 했어요. 그 결과 아이튠즈는 온라인으로 많은 음악을 판매할 수 있었답니다.

과거에 전자 상품을 생산하는 기업들은 싸고 멋있거나 성능이 좋은 상품을 만드는 데에만 신경을 썼어요. 상품에서 이용하는 음악이나 콘텐츠에는 신경을 쓰지 않았지요. 때문에 콘텐츠 회사들은 음악이나 영화를 만들고 판매하는 데에만 열중하고 상품과 연결하여 돈

을 벌 생각을 하지 않았어요. 하지만 애플은 콘텐츠와 상품(device)은 깊은 관계가 있다는 점을 인식하고 온라인으로 음악 상점을 열어 자기 회사 상품에 연결시킨 것입니다. 돈을 버는 사업 방법, 즉 창의적인 비즈니스 모델을 개발한 거라고 할 수 있지요. 이와 같은 사고방식을 더욱 확장시킨 것이 애플의 아이폰, 아이패드, 그리고 아이클라우드(iCloud)입니다. 과거의 휴대 전화 회사들은 전화기만 만들고, 휴대 전화가 작동되는 소프트웨어에는 신경 쓰지 않았어요. 하지만 애플은 아이폰 기기와 아이폰을 작동시키는 운영 체제인 소프트웨어를 함께 묶었지요. 그리고 누구라도 애플이 정한 규칙과 표준에 맞추어 애플리케이션을 개발하여 팔 수 있도록 앱 가게(App. Store)를 열었습니다. 전 세계의 창의적인 사람들이 각자 만든 애플리케이션을 올려서 판매하고, 애플과 애플리케이션 개발자는 애플리케이션이 팔릴 때마다 수익을 나누어 갖는 구조가 되었지요. 회사가 큰 쇼핑몰을 세우고 판매할 상품까지 결정하는 것이 아니고, 쇼핑에 편리한 시설과 서비스만 제공하고 누구라도 가게를 열 수 있도록 하는 것과 마찬가지입니다. 이제는 사람들이 좋아하는 독창적인 볼거리, 즐길 거리를 제공하지 못하면 좋은 기계만으로는 소비자들의 관심을 끌지 못하게 되었어요. 그만큼 독창적이고 가치 있는 소프트웨어, 콘텐츠와 서비스를 개발할 수 있는 창의력이 중요해졌답니다.

이렇게 누구라도 아이디어만 있으면 돈을 벌 수 있도록 해 주는 모든 기초가 디지털 경제의 플랫폼입니다. 인터넷이나 디지털 기술이 잘 갖추어져 있는 국가에 기업들이 와서 사업을 하고 사람들에게

일자리를 줄 수 있게 되었지요.

　이러한 시대에는 다른 조건이 좋아도 지식을 갖추지 못하고 기술을 사용하지 못하면 잘살 수 없어요. 기회가 커진다는 것은 쉽게 기회를 잡을 수 있게 된다는 것과는 다릅니다. 누구에게나 기회가 열려 있기 때문에 오히려 더욱 치열하게 경쟁해야 해요.

　이를 위해 개인과 기업과 정부가 모두 지식과 정보로 무장하고 부족한 것은 협력으로 보완하는 협업 능력을 강화해야 해요. '혼자가면 빨리 갈 수 있으나 멀리 가지 못하고, 함께 가면 빨리 가지 못하지만 멀리 간다'는 아프리카 속담이 있어요. 디지털 기술 발전은 함께 빨리 멀리 갈 수 있도록 해 줍니다. 디지털 경제의 핵심은 이러한 조건을 빠르고 정확하게 파악하고 이용하는 창의적 역량이지요. 국민 개개인은 물론 기업과 정부도 역량을 쌓아야 합니다.

풍요로워지고 디지털화될수록 사람들은 게임과 음악과 같은 콘텐츠, 그리고 취미와 건강에 많은 돈을 사용합니다. 그렇기 때문에 기업이 돈을 벌기 위해서는 재미있고 유익한 상품이나 서비스와 콘텐츠를 잘 만들어야 해요. 그리고 이러한 콘텐츠나 상품은 혼자서 만들기보다 창의력 있는 사람들이 협력하는 것이 유리합니다. 이 과정에서 하나의 내용물을 여러 가지 형태로 바꾸어 보기도 하고, 짜깁기나 편집을 해서 더욱 발전시킬 수도 있지요.

앞으로는 새로운 것을 생산하는 방법도, 생산된 것을 소비자에게 전달하는 방법도 지금보다 더 편리하게 바뀔 것입니다. 국민과 기업과 국가는 이런 디지털 경제에 맞는 역량을 갖추어야 합니다. 국민 각자는 국제적으로 활동하기 위해 영어나 다른 외국어, 디지털 기술 활용 능력, 경제와 경영에 대한 지식 등을 포함한 역량을 계속 개발시켜야 하지요.

또한 기업이나 정부와 같은 조직은 개인들의 창의력이 발휘되고 사람들이 서로 협력할 수 있도록 운영해야 합니다. 각 개인의 지식이 체계적으로 쌓이도록 잘 관리하는 것도 필요하지요. 어떤 업무를 담당하던 사람에게 갑작스러운 일이 닥치더라도 조직적으로 처리할 수 있는 역량이 갖추어져야 합니다. 정부도 국민과 기업이 참여하고 협력할 수 있도록 개방적인 조직이 되어야 하는데, 이 모든 것의 기초는 학습 의지와 태도를 갖춘 학습 역량입니다. 미래를 준비하는 가장 확실한 방법으로서 국민과 기업, 그리고 정부가 모두 학습 역량을 키워야 합니다.

과거의 국가 경쟁력은 기본적으로 과학과 기술에 기초한 경제력이나 군사력 등 실력과 관련이 있었어요. 이러한 실력은 실질적이고 구체적이므로 딱딱한 것에 비유하여 하드 파워(hard power)라고 합니다. 하지만 요즘 같은 시대에 한 개인이 경쟁력을 가지려면 건강하고 지식도 풍부한 동시에 태도나 말씨도 다른 사람에게 매력을 주어야 해요. 그래야 취직하기도 쉽고, 사람이 주위에 몰리고, 좋은 아이디어도 나누고 힘도 생기지요. 이러한 예의 바름, 부드러운 말씨나 태도 등을 소프트 파워(soft power) 또는 스마트 파워(smart power)라고 합니다.

문화를 즐기고 창작을 할 줄 알고 환경과 에너지 문제와 인류의 행복에 대하여 고민하고 기여하는 국민이 많아야 매력 있는 국가가 될 수 있어요. 경제력이나 군사력에 더하여 국가적인 매력이 있어야 기업이나 국가도 힘을 갖게 됩니다. 앞으로는 지식과 정보, 그리고 창의력에 기초한 생활과 문화를 갖춘 기업과 국가가 세계를 선도하게 될 것이기 때문이에요. 모두가 디지털 능력을 이용하여 스마트 파워를 키울 수 있도록 노력합시다.

디지털 격차와 복지

사회는 잘사는 사람과 못사는 사람, 교육 수준이 높은 사람과 낮은 사람, 건강한 사람과 병든 사람, 남자와 여자, 젊은 사람과 늙은 사람 등으로 다양하게 구분됩니다. 특별히 디지털 사회에서는 디지털 기술을 잘 활용하여 정보와 지식을 이용하는 사람과 그렇지 못하는 사람들 간에 차이가 발생하게 됩니다. 이러한 차이는 한 국가 안에서도 발생하고 국가들 사이에서도 발생할 수 있습니다. 여러분이 인터넷과 스마트폰을 전혀 사용하지 못한다고 생각해 보면 쉽게 이해가 될 거예요. 디지털 기술을 잘 활용하는 사람과 못하는 사람 사이에 격차가 발생하는 것을 디지털 격차(digital divide)라고 합니다. 이 격차는 기업 간에도 나타나고 국가 간에도 나타나지요.

처음에 컴퓨터가 나타났을 때 디지털 격차는 컴퓨터가 있는 사람과 없는 사람 사이에 나타났어요. 그리고 많은 사람들이 컴퓨터를 이용하게 되고 인터넷이 대중화된 뒤로는 인터넷에 접속하여 정보를 얻을 수 있는 사람과 없는 사람 사이에 격차가 나타났지요. 특히 요즘처럼 스마트폰을 사용하는 세대와 그렇지 않은 세대 사이에서 격차는 더욱 커질 것으로 예상됩니다. 물론 좋은 소프트웨어와 콘텐츠를 만드는 국가와 못 만드는 국가 사이에도 디지털 격차가 더욱 커질 거예요.

이러한 디지털 격차까지 발생하면 교육 격차, 소득 격차, 지역 격차가 더욱 벌어지게 되는 것이 문제입니다. 그러므로 미래에는 각자 디지털 기술을 잘 익히고 사용해야 하며, 국가는 국민들이 디지털 기술을 잘 활용할 수 있도록 인터넷이나 무선 통신 기반을 잘 갖추고 창의적인 교육 제도를 운영해야 합니다. 국민들이 각자 소질을 개발하여 창의적으로 일할 수 있도록 해 주고, 세계 곳곳에서 우수한 인재와 좋은 기업이 모여들도록 하면, 국민, 기업, 국가가 모두 풍요롭게 살 수 있을 것입니다.

디지털 노동 시장

디지털로 연결된 세상에서는 기업은 국가와 지역에 관계없이 우수한 사람에게 쉽게 접근할 수 있어요. 복잡한 문제를 해결하는 데에 먼 곳에 떨어져 있는 사람의 도움을 받을 수도 있습니다. 또한 희귀병 전문 의사가 디지털 통신과 디지털 의료 기술을 이용하여 멀리 떨어진 작은 섬이나 산간벽지의 환자를 치료할 수도 있지요. 우주에 있는 인공 위성에 문제가 발생하면 원격 조정으로 해결할 수도 있는 세상이 된 것입니다.

이러한 현상은 개인의 일자리에도 영향을 줍니다. 온라인으로 음악을 팔 수 없던 시절에는 외국의 유명한 가수의 CD를 수입하여 판매했지만, 온라인으로 직접 다운로드받을 수 있는 요즘은 CD 가게가 점차 사라지고 있어요. 실제로 과거에는 DVD 대여를 해 주는 가게가 많았으나 이제 점점 줄어들고 있는 것과 같은 맥락이지요.

이와 같이 국제 시장과 국내 시장 모두에서 디지털 기술 때문에 망하는 사업이 있는가 하면 새로운 사업이 나타나기도 합니다. 그 와중에 일하던 사람들이 직장을 잃기도 하고 새로운 일자리가 만들어지기도 하지요. 결국 디지털 경제는 우리들의 일자리의 모습 즉, 노동 시장의 판도를 바꾸고 있어요.

과거에는 사람들이 싫든 좋든 국내에서 상품과 서비스를 살 수밖에 없었어요. 하지만 세계화 시대에는 수입도 쉽게 되고 소비자가 가격을 쉽게 비교할 수도 있어요. 글로벌 디지털 시대에는 품질이 좋지 않고 가격도 싸지 않으면 한국 상품이라는 이유만으로는 사지 않습니다. 국제 경쟁력이 없으면 회사는 문을 닫아야 하고, 회사가 문을 닫으면 직장도 없어지게 되지요. 그러므로 경쟁력 있는 회사가 많아지면 국가의 일자리가 늘어나고 경쟁력 있는 회사가 줄어들면 그 국가의 일자리도 줄어듭니다. 이는 일자리가 국가의 경계를 넘어 이동하는 것과 마찬가지입니다. 이와 같이 디지털 경제에서는 일자리도 쉽게 이동되며 국제적으로 노동 이동도 많아지게 됩니다.

회사의 일자리만 쉽게 이동하는 것이 아니에요. 훌륭한 과학자, 세계적으로 유명한 연예인, 프로 스포츠 선수, 공장 근로자, 의사나 간호사 등도 국가 간에 많이 이동해요. 각 국가에서는 언제든지 다른 나라의 좋은 인재

를 쉽게 찾고 쉽게 데려갈 수 있게 되지요. 앞으로는 일생 동안 여러 번 직장을 옮기고, 하는 일도 여러 번 바꾸고, 많은 국가로 옮겨 다니는 세상이 될 것입니다. 그러한 세상에 대비하기 위해서는 외국어 능력, 여러 가지 문화에 대한 이해, 새로운 기술을 활용하는 능력 등을 항상 발전시켜야 해요. 더구나 인공지능으로 무장한 로봇이나 기계가 인간의 일자리를 빼앗을 수도 있지요. 그러므로 새로운 기술을 개발하고 적용하는 일을 하거나 기계나 로봇이 수행하기 어려운 역량을 개발해 나아가야 하겠지요. 이는 각 개인이 잘살기 위한 조건이기도 하고, 회사와 국가가 발전하기 위한 조건이기도 하지요.

스마트 경제와 스마트 사회

많은 경제학자들이 경제 성장에 필요한 요소를 연구했어요. 자본이 없으면 사업을 시작하기 어렵듯이 국가 경제도 마찬가지입니다. 석유나 지하자원이 풍부하면 그것을 팔아 자본을 만들어 사업에 투자할 수 있어요. 과거의 경제학자들은 자연 자원과 자본, 일할 수 있는 노동력이 경제 성장을 위해 중요하다고 생각했어요. 즉, 국가가 변화시킬 수 없는 주어진 외부 조건이 경제 성장에 큰 영향을 준다고 생각한 거예요. 그러나 열심히 수출하고 저축하여 자본을 키우고 이를 계속 투자함으로써 부족한 환경을 극복하고 높은 경제 성장을 하는 나라가 탄생했고, 그중의 대표적인 나라가 대한민국입니다. 20세기 세계에서 가장 눈부신 경제 발전을 이룬 나라이지요.

그러나 열심히 일하고 자본을 투자하는 것만으로는 한계가 있습니다. 열심히 노력하는 것만으로는 공부도 운동도 세계 최고가 되기 어려워요. 과학적이고 창의적으로 공부하고 훈련해야 하지요. 경제도 이와 마찬가지입니다. 열심히 노력하고 투자하는 것만으로는 계속 성장할 수 없어요. 창의적으로 일하고 새로운 기술을 개발하지 않으면 기업도 국가 경제도 성장하기 어렵지요. 경제가 계속 성장하기 위해서는 똑똑한 사람들과 과학 기술이 필요하다는 것이 이론적으로도 밝혀졌습니다. 자연 조건이 좋지 않고 자본이 부족한 국가라도 사람들의 지식이 풍부하면 자본을 빌려서 경제 성장을 할 수 있다는 거지요. 지식을 풍부하게 하여 과학 기술을 발전시키고 창의력을 발휘하여 새로운 상품이나 서비스를 개발할 수 있다면 자본은 얼마든지 빌릴 수 있는 세상이 된 것입니다.

국민과 기업이 시장에서 스스로 알아서 일하려면 무엇이 가치 있는 일인지 알아야 해요. 무엇이 가치 있는 일인지 알려 주는 것이 가격입니다. 기업은 시장에서 결정된 가격을 보고 생산을 하고 소비자들은 가격에 따라 소비를 해요. 효율적인 시장은 어떤 물건을 가장 필요로 하는 사람에게 팔리도록 해요. 가장 필요로 하는 사람이 가장 높은 가격에 그 물건을 사지요. 상품을 원하는 사람이 많아지는데 공급이 함께 늘어나지 않으면 가격이 오릅니다. 반대로 사려는 사람이 적으면 가격이 내려가지요. 시장에서 수요와 공급에 따라 가격이 변화해야 시장이 효율적이고 지능적으로 작동하는 것입니다.

디지털 기술을 사용하면 수요와 공급의 변화를 알기 쉽고, 소비자와 기업은 상품 가격과 품질 정보를 쉽게 알 수 있어요. 디지털 기술을 사용하면 소비자와 기업이 간편하게 정보 교환을 하여 낮은 비용으로 원하는 상품을 생산하여 제공할 수 있게 되지요.

인터넷에서 물건을 거래하는 예를 들어 볼까요? 내게 필요 없는 물건을 시장에 내다 팔고 싶어도, 시장이 어디인지 가격은 얼마나 되는지를 알지 못하면 버리거나 창고에 쌓아 둠으로써 자원이 낭비되지요. 인터넷을 이용하면 이러한 물건들을 원하는 사람에게 팔 수 있어요. 파는 사람과 사는 사람에게 모두 이익이고, 물건이 낭비되지 않아서 사회에도 이익입니다. 이는 글로벌 시장에서도 마찬가지입니다. 소비자와 기업이 모두 이익을 보고 시장도 낭비를 줄일 수 있어요. 결국 소비자와 기업이 똑똑해지고 시장도 경제도 스마트해져 경제를 발전시킬 수 있어요.

요즘은 세계 시장이 신경망과 같이 디지털로 연결되어 스마트하게 발전하고 있어요. 국제적으로 거래되는 석유나 가스, 곡물도 시장 상황에 따라 가격이 효율적으로 결정되지요. 세계의 기업들은 수많은 정보를 수집하고 분석하여 거래에 참여해요. 세계 시장에서 거래가 효율적으로 이루어지기 위해 디지털 기술은 절대적으로 중요합니다. 이 과정에서 인터넷이나 정보 통신 시스템에 문제가 발생하면 큰 혼란과 낭비가 발생할 수 있어요.

디지털이 이용된 상품들은 점점 스마트 제품이 되고 있어요. 자동차는 이미 첨단 디지털 상품이 되었으며, 아파트와 빌딩, 전자 제품과 기계, 도로, 철로, 전력망, 학교와 기업도 디지털화되어 가고 있어요. 심지어 바다의 온도나 해류의 움직임, 땅의 온도와 습도도 디지털 기술을 이용해 실시간으로 파악하고 있어요. 또한 식물에 물이 필요하면 자동으로 인공 비를 내려 주고, 공기가 건조하면 습도도 조절해 준답니다.

앞으로는 자연의 힘을 활용하고 결합하는 능력과 상상력만 있으면 무엇이든 이룰 수 있는 세상이 될 것입니다. 인공 지능과 디지털 기술, 두뇌 과학 등이 다양하게 결합되면 지진과 태풍도 미리 파악하여 인간을 안전하게 할 수 있을 거예요. 이제는 끊임없이 생각하고 도전하는 호기심과 모험심, 사람에게 필요한 것을 찾아 돈을 벌기 위해 노력하는 기업, 연구하고 개발하는 사람들이 힘과 지혜를 모아야 할 때입니다.

사람들이 영어와 같은 외국어를 배우고, 인터넷과 스마트폰을 사용하는 이유는 정보와 기회를 잡기 위해서입니다. 글로벌 시장에 참여하는 것만으로는 돈을 벌 수 없어요. 누구나 만들 수 있는 상품으로는 돈을 벌기 어려우므로 다른 기업이 흉내 내기 어려운 가치를 발전시켜야 해요. 따라서 창의력을 활용한 콘텐츠 산업이 더욱 중요해집니다. 3D 영화와 같은 디지털 콘텐츠 산업, 소프트웨어, 영화와 음악, 그리고 게임이 발전한 국가들은 대부분 경제 선진국들입니다. 영화와 음악, 방송 프로그램과 게임, 경제 뉴스와 자연 다큐멘터리, 동영상 강의 등 수없이 많은 디지털 콘텐츠가 있어요. 디지털 콘텐츠는 소프트웨어, 디자인, 공연, 예술 등 다양한 요소를 포함하여 제작할 수 있고 내용이나 전달 수단도 무한하므로 창의력을 필요로 합니다. 세계는 지금 창의적인 사람, 창의적 기업, 창의적인 정부를 갖춘 스마트 파워에 기초한 스마트 경제와 스마트 사회로 나아가고 있습니다.

디지털 시대에 우리는 자유롭고 폭 넓은 선택을 하고 있지만, 사실은 누군가가 짜 놓은 프로그램대로 움직이는 경우도 많습니다. 다른 사람들과 자유롭게 관계를 맺고 활동하는 것처럼 보이지만, 네트워크의 특성에 따라 자신도 모르게 주어진 환경에 맞추어 가고 있는 것입니다. 재미있고 유익한 정보들을 즐기는 것처럼 보이지만 어쩌면 그들의 생각에 끌려다니는 것일 수도 있답니다.

이제는 우리 스스로 환경과 내용물을 창조해 나아가야 하는 단계에 와 있습니다. 남들이 만들어 놓은 것들 중에서 선택하는 자유를 즐기는 것도 중요하지만, 이제는 우리가 남들에게 선택을 제시하는 일도 열심히 해야 합니다. 앞 세대가 이룩한 성공에 젊은 세대의 상상력과 열정을 더하여 더욱 빛나게 만들어야 할 것입니다. 이제까지 주어진 길을 빠르게 왔다면, 이제는 길 없는 길을 개척하는 디지털 개척자가 되어야 할 것입니다.

진화하는 디지털 경제를 위해
창조적인 태도로 미래를
준비해야 합니다.

기업과 개인, 국가 모두가
풍요로운 디지털 경제에
대비해야 하지요.

자본주의 경제에서 빈부의 격차가 있듯이

컴퓨터나 인터넷, 스마트폰의 소유 여부에 따라
디지털 격차가 발생할 수 있어요.

노동 시장에서도 디지털 경제로 인해 좀 더
편리해질 수 있지요.

많은 사람들이 다양한 기회를 누리는 스마트한
세상이 시작되었답니다.

에필로그

"가장 무서운 경쟁자는……"

새롭게 등장하는 기업들의 공통적인 특징은 디지털 기술과 서비스를 개발하는 능력을 갖추었다는 점입니다. 현재의 세계적 기업들도 새로운 기회를 이용하지 못하면 창의적인 신생 기업의 심각한 도전을 받아 순식간에 쇠퇴할 수 있어요. 새로운 기회는 인간과 자연, 그리고 사회에 숨어 있는 다양한 특징이나 욕구의 변화를 관찰하는 과정에서 드러나게 되지요. 미래에는 단순히 디지털 기술이나 창의력만으로는 성공하기 어렵습니다. 거기에 인문학적 지식과 과학 지식, 예술과 문화적 감각, 생명 공학, 철학, 역사 등 모든 분야를 서로 융합하여 인간에게 가치를 줄 수 있는 태도와 능력을 갖추어야 해요.

사람의 삶과 마찬가지로 기업과 국가의 경제도 목적지가 있는 여행이 아니라 끝없이 계속되는 여정입니다. 내가 설립한 마이크로소프트가 세계를 주름잡던 시기에 어떤 사람이 나에게 "누가 가장 무서운 경쟁자라고 생각합니까?"라고 질문했습니다. 나는 "어느 작고

초라한 창고에서 열정과 아이디어를 갖추고 열심히 일하고 있는 도전적인 젊은 사람들"이라고 대답했지요. 실제로 내가 그 말을 할 당시에 20대의 래리 페이지와 세르게이 브린이 창고에서 열심히 노력하고 있었어요. 그들은 결국 구글을 창업하여 인터넷 시대의 디지털 경제의 새로운 강자가 되었고, 곧이어 하버드 대학교 중퇴생 마크 주커버그가 페이스북을 창업하며 네트워크 사회에 새롭게 등장하였습니다.

성공하기 위해 한 가지 더 중요한 것이 있다면 바로 파트너라는 점을 덧붙이고 싶습니다. 마이크로소프트를 창업한 나도 그렇고, 애플, 구글, 페이스북의 창업자들을 보면 창업을 하고 회사를 성장시키는 데 서로 보완이 되면서 깊이 신뢰하는 파트너가 있었다는 공통점이 있어요. 아무리 똑똑하고 열심히 일하는 사람도 신뢰가 없으면 남들과 협력하기 어려우므로 큰일을 할 수가 없습니다. 디지털 연결 수단인 페이스북과 같은 SNS 서비스가 넘쳐 나는 세상입니다. 이제는 연결할 가치가 있는 내용을 만들고 연결하고 싶은 신뢰를 주는 사람이 되어야 합니다. 한국은 음악, 문화 예술, 게임 등의 분야에서 창조적이고 열정을 갖춘 젊은이들이 많은 역동적인 나라입니다. 마이크로소프트는 물론이고 구글과 페이스북이 두려워하는 무서운 도전자가 한국에서 나타날 가능성이 커지고 있지요.

기업을 하다 보면, 성공과 실패의 과정을 반드시 겪는데, 디지털 시대에는 흥망의 주기가 더욱 짧아집니다. 디지털 시대에는 아무리 큰 회사라도 순식간에 추락할 수 있고, 작은 회사가 순식간에 세

계적인 기업이 될 수도 있어요. 한국은 인터넷이나 스마트폰을 쉽게 사용할 수 있는 좋은 조건을 갖추고 있지만, 이 환경을 어떻게 이용하느냐에 따라 미래의 성패가 결정될 것입니다. 예를 들어 알파고 같은 인공지능은 지능적이지만 지능적인 결정을 하는 이유는 설명해 주지 않아요. 그건 우리 인간의 몫이지요. 그러므로 인공지능을 충분히 활용하고 인공지능의 움직임을 조정하고 설명하는 호기심과 상상력을 갖춘 인간의 역할이 더욱 필요하지요. 다양한 분야에서 높은 수준의 지식과 정보, 그리고 창의력을 갖춘 인재와 도전 정신을 갖춘 청소년들이 미래 사회의 희망입니다. 경계를 넘어 도전하고, 기존의 상식을 넘어 다양한 요소들을 이리저리 결합하고 융합하는 정신과 노력이 개인의 삶과 국가의 성패를 결정할 것입니다.

2009년도 수능 3번

다음 글의 ㉠~㉢에 대한 설명으로 적절하지 <u>않은</u> 것은? [2점]

> 오늘날 지식이 점차 사회의 중요한 경제적 자원으로 부상하고 있다. 그런데 지식은 대부분의 경우 ㉠<u>긍정적 외부 효과</u>를 발생시킬 뿐만 아니라 ㉡<u>배제성</u>과 ㉢<u>경합성</u>이 결여된 ㉣<u>공공재적 특성</u>을 지닌다. 이와 같은 지식의 특성 때문에 ㉤<u>시장 실패</u>가 발생할 수 있다.

① 자연 과학의 발달은 ㉠을 발생시킬 수 있는 한 사례이다.

② 제약 회사에서 개발한 항암 치료제는 ㉡이 있다.

③ 디지털 음원에 대한 저작권 보호는 ㉢을 부여하기 위한 것이다.

④ ㉣에서는 무임 승차의 문제가 발생할 수 있다.

⑤ 이 경우 ㉤의 문제는 사회적 최적 수준보다 과소 생산되는 것이다.

2009년도 수능 3번 답 ③

지문에서 제시된 긍정적인 외부 효과라는 말은 어떤 사람의 행동이 제3자에게 의도하지 않은 이익을 가져다주는데도 이에 대한 대가를 받지 않는 현상을 말합니다. 지식이나 정보가 경제적 가치를 가지면서 주변에도 긍정적인 경제 효과를 가져다주기 때문에 긍정적인 효과를 발생시키지요. ①에서 자연 과학이 발달하면 그로 인한 혜택을 보는 이들이 늘어나기 때문에 긍정적인 효과를 발생시키는 예라고 볼 수 있습니다.

배제성은 임의로 다른 사람의 소비를 배제할 수 있는 것을 말하는데 주로 가격을 지불하고 소비하는 재화들이 배제성을 가집니다. 제약 회사에서 개발한 항암 치료제와 같은 것들이 바로 이에 해당하지요. ③에서 디지털 음원은 무료로 복제할 수 있기 때문에 배제성을 가지지 않는데 저작권을 보호함으로써 이를 부여할 수 있습니다. 때문에 경합성을 부여하기 위한 것은 아니지요. 경합성은 한 사람의 소비로 다른 사람이 소비할 기회가 줄어드는 것을 말해요. 그런데 디지털 음원에 대해서 대가를 지불하고 소비하도록 한다고 해서 한 사람의 소비가 다른 사람의 음원 사용을 제한할 수 없기 때문에 이에 해당하는 설명은 아닙니다.

디지털 경제에서 음원과 같은 상품은 배제성과 경합성이 결여된 공공재적 특성을 지니기 때문에 대가를 치르지 않고 사용하는 무임 승차의 문제가 발생할 수 있어요. 때문에 사회적으로 필요한 최적의 수준보다 항상 적게 생산되지요. 이는 비효율적인 자원의 배분을 초래하여 시장 실패가 발생하는 원인이 된답니다.

◯ 찾아보기

경제학자가 들려주는 경제 이야기 12

빌 게이츠가 들려주는 디지털 경제 이야기

ⓒ 홍필기, 2012

초판 1쇄 발행일 2012년 2월 22일
초판 3쇄 발행일 2024년 2월 1일

지은이   홍필기
그린이   이대열
펴낸이   정은영

펴낸곳   ㈜자음과모음
출판등록 2001년 11월 28일 제2001-000259호
주소   10881 경기도 파주시 회동길 325-20
전화   편집부 02) 324-2347 경영지원부 02) 325-6047
팩스   편집부 02) 324-2348 경영지원부 02) 2648-1311
이메일   jamoteen@jamobook.com

ISBN   978-89-544-2563-6 (44300)

과학공화국 법정시리즈 (전 50권)

생활 속에서 배우는 기상천외한 수학·과학 교과서!
수학과 과학을 법정에 세워 '원리'를 밝혀낸다!

이 책은 과학공화국에서 일어나는 사건들과 사건을 다루는 법정 공판을 통해 청소년들에게 과학의 재미에 흠뻑 빠져들게 할 수 있는 기회를 제공한다. 우리 생활 속에서 일어날 만한 우스꽝스럽고도 호기심을 자극하는 사건들을 통하여 청소년들이 자연스럽게 과학의 원리를 깨달으면서 동시에 학습에 대한 흥미를 가질 수 있도록 구성하였다.